MAD MAX 2

GUERRERO DE LA CARRETERA

Protagonista MEL GIBSON en una producción KENNEDY MILLER Productor BYRON KENNEDY
Director GEORGE MILLER Guionistas TERRY HAYES, GEORGE MILLER y BRIAN HANNANT
Música por BRIAN MAY Filmada en PANAVISION -------- con sonido DOLBY STEREO

Musica por Brian May

MAD MAX 2

GUERRERO DE LA CARRETERA

VISTA PELICULAS

Protagonista MEL GIBSON en una producción KENNEDY MILLER Productor BYRON KENNEDY
Director GEORGE MILLER Guionistas TERRY HAYES, GEORGE MILLER y BRIAN HANNANT
Música por BRIAN MAY Filmada en PANAVISION -------- con sonido DOLBY STEREO

Musica por Brian May

Mel Gibson über die Filmserie:

„Obwohl Max das verbindende Element dieser Filme ist, sind sie alle so unterschiedliche, dass er fast jedesmal zu einer neuen Figur wird. Jeder der Filme will meiner Meinung nach etwas anderes aussagen. Aber ich glaube auch, dass man sie am Stück zeigen könnte und sie als eine große Geschichte funktionieren."

DER INHALT

Vorwort — Seite 3	**Mel Gibson** — Seite 12
	Wie aus dem Alter Ego von Mad Max mit der Zeit Mad Mel wurde
George Millers mythischer Held — Seite 4	
Max Rockatansky als Fremder ohne Namen	**Die Endzeit ist da** — Seite 76
	Genre-Filme im Fahrwasser von MAD MAX
George Miller — Seite 8	
Der Regisseur und Schöpfer der MAD MAX-Trilogie	**Ozploitation** — Seite 84
	Wie Australien den Exploitation-Film für sich entdeckte…

MAD MAX

Das Ende der Zivilisation holt Max Rockatansky ein .... Seite 28

Steve Bisley — Seite 42
Goose ist Max' bester Freund

Roger Ward — Seite 43
Von seinem Namen Fifi sollte man sich nicht täuschen lassen

Hugh Keays-Byrne — Seite 43
Der Toecutter führt die Outlaws an

MAD MAX 2

Der Straßenkrieger irrt wie ein namenloser Samurai durchs Ödland .... Seite 46

Virginia Hey — Seite 58
Der wilde Wez ist der Tod auf zwei Rädern

Bruce Spence — Seite 57
Der Gyro-Captain ist fast so etwas wie Max' Freund

Vernon Wells — Seite 58
Eine Kriegerin, die Max nicht traut

MAD MAX 3

Vom Vollstrecker zur messianischen Erlöserfigur .... Seite 62

Tina Turner — Seite 72
Aunty Entity herrscht über Bartertown

Angelo Rossito — Seite 73
Ohne Blaster ist er ein Niemand

MAD MAX 4

Tom Hardy ist der neue Max Rockatansky .... Seite 74

Personenregister — Seite 89 | **Bibliographie** — Seite 88

IMPRESSUM

MPW Filmbibliothek

ISBN: 978-3-942621-16-8

Die Deutsche Bibliothek-CIP Einheitsaufnahme

Texte:
Peter Osteried

Lithografie:
Medien Publikations- und Werbegesellschaft GmbH, Hille

Graphische Gestaltung:
Frank Martens

© 2012 Medien Publikations- und Werbegesellschaft GmbH.

Bildnachweis:
Michael Großgarten, Thomas Wehlmann, Archive MPW, Werner Bock

© der Abbildungen bei den jeweiligen Rechteinhabern.
Soweit wie möglich wurden alle möglichen Rechteinhaber der einzelnen Bilder über den Abdruck informiert. Sollte wieder Erwarten trotzdem jemand vergessen worden sein, bitten wir um sein Verständnis.

TOP MOVIES '75 bis '85

Die Top-Movies der 70er und 80er Jahre ist als Buchreihe konzipiert, die vorerst den Zeitraum 1975-1985 abdeckt. Jedes Jahr wird in einem Buch abgehandelt. In regelmäßigen Abständen erscheinen zwei Bände zeitgleich: 2012 folgen die Ausgaben 1976/1984, 2013 die Bände 1977/1983 usw. Bei Erfolg wird die Reihe fortgesetzt. Zudem erhalten einige Filmreihen auch noch eine eigene Buchveröffentlichung. Bislang erschienen: „Weisse Hai". Auch hier sind bei Erfolg weitere Ausgaben geplant.

Die Verbreitung dieses Buches oder von Teilen daraus durch Film, Funk und Fernsehen, der Nachdruck oder aber auch die fotomechanische Wiedergabe sowie die Einspielung und Verbreitung in elektronischen Systemen sind nur mit ausdrücklicher Genehmigung des MPW-Verlages gestattet.

VORWORT

Mehr als drei Jahrzehnte sind vergangen, seit MAD MAX sein Debüt gefeiert hat. Der Film zeigte damals eine düstere Zukunft. Eine Zukunft, von der man immer mehr das Gefühl hat, dass sie langsam, aber sicher unsere Gegenwart wird. Sicherlich, wir werden uns nicht allzu bald in Bartertown wiederfinden oder mit Humungus' Hunden des Krieges aneinandergeraten, aber die vom wirtschaftlichen Kollaps gezeichnete Welt des originalen MAD MAX scheint eine düstere Vision dessen zu sein, was aus dieser, unserer Welt werden könnte. Vielleicht auch deswegen erscheinen die MAD MAX-Filme so zeitlos. Zumindest gilt dies aber für die ersten beiden Filme, die eine Welt zeigen, welche im Chaos versinkt, in der der Hunger nach Rohstoffen zu einem Kollaps führt, dem die Zivilisation zum Opfer fällt und nach der nichts mehr ist, wie es zuvor war.
Dieser Umstand hebt die MAD MAX-Trilogie aus dem Science-Fiction-Genre heraus. Ein Genre, das – sieht man von Paranoia-geschwängerten Alien-Invasionen und dergleichen ab – sich dadurch auszeichnet, dass in der Regel ein hohes Maß an Optimismus inhärent ist. Denn schon die Tatsache alleine, dass eine Geschichte in der Zukunft spielt, zeigt, dass die Menschheit es geschafft hat, zu überleben. Das gilt für einen großen Teil des Genres, nicht jedoch für die von MAD MAX populär gemachte Spielart der Endzeit. Sie ist der große Gegenpol zum Optimismus des Genres. In ihr hat die Menschheit – zumindest ein Teil überlebt –, aber nur eben so. Und keineswegs hat dieses Überleben etwas Positives an sich. Man existiert, man überlebt, aber man lebt nicht mehr wirklich, ist die Welt nach der Apokalypse doch eine, in der Minute um Minute, Stunde um Stunde, Tag um Tag ums Überleben gekämpft werden muss. Und wer seine Acht fallen lässt, der kommt um. Aus der Sicherheit des heimischen Fernsehsessels lässt sich diese Zukunft natürlich genießen. Eine Zukunft, in der zwar keine astronomischen Preise für Benzin verlangt werden, dieses aber eher schnell denn langsam zur Neige geht. Und wenn man an der heimischen Tankstelle tief in die Tasche greifen muss, um wie Max Rockatansky mobil bleiben zu können, dann sollte man nicht zum Road Warrior werden, sondern sich vielleicht noch einmal die Trilogie ansehen – dann kann man sich nicht nur über die Action, sondern auch die Tatsache freuen, dass diese Zukunft eben doch noch nicht Gegenwart ist.

Peter Osteried

GEORGE MILLERS MYTHISCHER ENDZEIT-HELD

von Uwe Raum-Deinzer

Max war ein Polizist, ein einsamer Wahrer des Rechts in einer Welt, die von Chaos und Gewalt regiert wurde, einer Welt, in der ein gnadenloser Überlebenskampf auf den Straßen tobte, einer Welt, in der ein Menschenleben wertlos geworden war. Die Polizei war fast machtlos gegen all die Gangs brutaler Banditen, die die Highways heimsuchten und Unschuldige quälten und töteten. Eine dieser mörderischen Gangs waren die Glory Riders, und ihr Anführer der degenerierte Straßenpunk Toecutter, der seinem Namen „Zehenabschneider" alle Ehre machte.

Als George Miller in Australien zum ersten Mal das Licht der Welt erblickte, endete in Europa gerade der schlimmste Krieg, der die Erde bis dahin heimgesucht hatte: der Zweite Weltkrieg. 33 Jahre später entfesselte der studierte Unfallarzt, der es immer wieder mit übel zugerichteten Opfern tödlicher Karambolagen zu tun bekommen hatte, seinen eigenen Krieg, der das Action-Kino für immer verändern sollte. Ein Jahr lang war George Miller unterwegs, um sich von insgesamt 40 Leuten je 10.000 Dollar zu leihen, bis er genug Geld für einen Low-Budget-Film in der Tasche hatte, der Filmgeschichte schreiben sollte.

In naher Zukunft: Max Rockatansky, ein glücklich verheirateter Familienvater, wird - wie viele andere Cops - der Gewalt auf den Straßen kaum mehr Herr. In schwarzem Leder rasen Max und sein Partner Jim Goose mit ihren technisch aufgemotzten Polizeiwagen über die endlosen Highways, um Gewalttätige, Verrückte und Perverse zu stoppen. Als ein von Max gejagter Motorradfahrer bei einer Verfolgungsjagd ums Leben kommt, schwört dessen Bande grausame Rache. Ihr Anführer Toecutter läßt Goose zum Krüppel schlagen. Max versucht der sinnlosen Spirale der Gewalt zu entfliehen, indem er seine Marke abgibt und sich mit Frau und Kind in geruhsame Ferien flüchtet. Doch die Idylle ist nur von kurzer Dauer.

MAD MAX (1978) war neben STAR WARS und ALIEN einer jener Filme, die ihrer Zeit voraus waren und Trends setzten. Nihilisti-

Die Glory Riders kommen in die Stadt – und mit ihnen kommen Tod und Verwüstung in einer Welt, in der die Zivilisation in den letzten Todeszuckungen liegt.

sches Action-Kino hatte es auch vorher gegeben, etwa in den Italo-Western, bei Sam Peckinpahs Gewaltspektakeln oder Großstadtkrimis wie BULLITT, doch während die meisten Filme trotz ihrer Betonung der vordergründigen Handlung fast immer auch einen Hang zu dramaturgischer Komplexität aufwiesen, die eine gewisse Distanz zu den Personen schuf, griff George Miller in jeder Hinsicht in die Vollen und servierte seinem Publikum einen Film, der so rasant war wie die Wettrennen seiner vierzehn Stuntmen, darunter ein ehemaliger Le-Mans-Teilnehmer.

Sam Peckinpah hatte bereits eine schnelle Schnitt-Technik entwickelt, aber bei ihm waren Schießereien und Action-Szenen noch immer einzelne Highlights einer Krimihandlung, während sie bei MAD MAX zum Dauerhöhepunkt gerieten. Verfolgungsjagden waren hier nicht mehr wie in BULLITT ausgeklügelte Rasereien quer durch die Auswüchse des modernen Straßenverkehrs, sondern ein Inferno explodierender Autos, sich überschlagender Wagen und verstümmelter Fahrer.

Miller zog alle filmischen Register, um den Zuschauer im wahrsten Sinne des Wortes mitzureißen. Sein Film ist einer der ersten Frontalangriffe auf die Sinne, der das vorwegnahm, was die MTV-Generation später für das einzig wahre Kino halten sollte: eine auf den ersten Blick sehr einfache, lineare Handlung, die in Bilderketten zerhackt wird, die direkt auf die Sinne wirken, aber dabei überraschend vielschichtige Ansätze bietet. Dadurch war es Miller möglich, fast alle Kinofans anzusprechen: die johlenden Action-Fans, die den Zynismus für bare Münze nehmen und ihn als Feier der Gewalt (miss)verstehen, die Mainstream-Kinogänger, die - von der emotionalen Seite der Story mitgerissen - das Wüten des bürgerlichen Rächers Max unter den Asozialen als unumgänglichen Befreiungsschlag empfinden, und die intellektuellen Cineasten, die den existentialistischen Gehalt des Films erkennen und ihn als Reflektion über Gewalt begreifen.

Nach dem Riesenerfolg seines Spielfilmdebüts, das nur 400.000 Dollar gekostet, aber mehr als das 100-fache eingespielt hatte, spann Miller die Geschichte seines Helden in MAD MAX II - DER VOLLSTRECKER (1981) weiter. Er hatte nun mehr Geld zur Verfügung und konnte alles viel penibler planen. Und er wollte eine ganz neue Geschichte erzählen, die den (von ihm selbst erst durch den Erfolg seines Debüts so richtig entdeckten) mythischen Gehalt des Helden stärker herausarbeiten sollte.

Der Film hat nur noch einen losen Bezug zum ersten Teil. Jahre sind vergangen, seit Max Frau und Kind auf den Straßen der Gewalt verlor. Die Welt ist weiter ins Chaos gedriftet, und die Menschheit in eine Barbarei zurückgesunken, die sich aus Versatzstücken der untergegangenen Hochkultur speist.

Max ist ein einsamer Rächer, der diese wüstenartige Welt durchwandert, in der ein Tropfen Benzin mehr wert ist als das Lebensblut eines Menschen. Allerlei degenerierte Banden durchstreifen die Gegend, deren einziger Lebensinhalt darin besteht, ihre obskuren Fahrzeuge am Weiterlaufen zu halten. Als die Banditen von einem Fort erfahren, in dem eine Gruppe einfacher Menschen verzweifelt einen großen Benzinvorrat bewacht, belagern sie es. Auch Max kommt zu dem Fort, aber nicht als Helfer, denn Max vertritt nur noch seine eigene Sache.

Der Max aus den beiden ersten Teilen ist eine unterschiedliche Figur, er ist nicht mehr derselbe, aber der eine ist aus dem anderen hervorgegangen. Miller verbindet in seinen beiden Teilen zwei Strömungen im Action-Kino, nämlich den amoklaufenden Kleinbürger, der die maßlose Gewalt in den Großstadtschluchten mit brutaler Gegenwehr ersticken will (wie Charles Bronson in seiner EIN MANN SIEHT ROT-Serie), und den namenlosen Rächer, der mit unorthodoxen Methoden die Macht von Verbrecherbanden bricht (wie Clint Eastwood in den DOLLAR-Western von Sergio Leone). Dazu kommt noch eine Prise der bereits Ende der 60er Jahre mit Brutalität überschatteten EASY RIDER-Romantik.

Millers Kunstgriff besteht darin, dass er in seinem Helden „Mad Max" uralte Mythen wiederaufleben lässt. Er selbst weist in einem Interview darauf hin, dass jedes Volk in Max den für seine Kultur typischen Mythos entdecken kann: einen Westernhelden, einen Ritter, einen Wikinger, einen Samurai, einen Krieger - Max passt in jede Mythologie und spricht somit jeden Bürger dieser Erde an. Diese kulturelle Internationalität wird noch unterstrichen durch die vielen Einflüsse, aus denen sich der Film zusammensetzt. Technik und Kultur unterschiedlicher Epochen werden in dieser Endzeit-Gesellschaft zusammengewürfelt, als ob das Zeitalter der Apokalypse aus den Restbeständen aller untergegangenen Zivilisationen bestünde.

Max trägt seine Lederkluft wie eine Ritterrüstung, bei den „Siedlern" ist eine kriegerische Amazone, wie es sie in der Antike gab, unter den das Fort belagernden Barbaren findet sich der „Wilde" Wez mit Irokesenschnitt, und die umkämpften Autos sind die letzten Überbleibsel der zugrundegegangenen High-Tech-Kultur. Geschickt greift Miller die durch Ölkrise und Umweltverschmutzung freigewordenen Ängste auf. In einer brillanten pseudodokumentarischen Schwarzweißsequenz im Fernsehformat zeigt er uns zu Beginn den Zerfall der Welt, bevor die Leinwand auf volle Cinemascope-Breite explodiert und uns mitten auf die Landstraße wirft. Ein Moment, bei dem es einen im Kino fast umhaut!

MAD MAX II ist der beste Film der Serie, ein knallharter Streifen, der die Qualitäten der Italo-Western in die Postapokalypse überträgt und in einer unglaublich exakten, effektiven Bildsprache eine archetypische Geschichte erzählt. Die Straßenpunks des ersten Films sind zu Menschenmonstern geworden, die mit ihren Waffen verwachsen und zu wilden Tieren mutiert zu sein scheinen. Ein gesichtsloser (wie „Jason" mit Hockey-Maske versehener) Führer sammelt sie wie reißende Hunde um sich, die so scharf sind, dass man sie anketten muss. Max selbst ist kein lynchender Rächer mehr, dessen blindwütiger Vernichtungsfeldzug das Publikum in zwei Lager spaltet. Das, was man bei Teil 1 als faschistoide Tenden-

---

RANDNOTIZ

GEORGE MILLER ÜBER

DAS WESEN DES HELDEN:

„Ich finde nicht, dass man den Begriff Held oder Schurke benutzen sollte. Für mich ist der Held nicht zwangsläufig das übliche Klischee. Vielmehr glaube ich, dass der Held ein Bote der Veränderung ist, jemand, der die Evolution vorantreibt. Er ist derjenige, der die Welt, zu der er gehört, aus den Angeln hebt und eine neue Ordnung etabliert. Und oftmals ist es so, dass die Menschen, die verantwortlich dafür sind, eine Gesellschaft zu revolutionieren, zu Tyrannen werden."

HELDEN UND TYRANNEN:

„Die Helden von gestern sind die Tyrannen von heute. Sie erbauen etwas, lieben es und wollen es dann zu sehr besitzen. Indem sie sich verzweifelt daran klammern, werden sie zu Tyrannen, woraufhin es für jemanden Zeit ist, sich zu erheben und des Tyrannen Welt in Stücke zu schlagen, damit daraus etwas Neues entstehen kann. Man muss sich nur den Rhythmus ansehen, mit dem Sterne entstehen, eine Evolution der Organismen beginnt, sich Gruppen bilden, eine Gemeinschaft entsteht, Firmen, dergleichen mehr - es ist immer derselbe Rhythmus."

DEN MYTHOLOGISCHEN HELDEN:

„Im mythologischen Sinne des Wortes ist das der Held. Natürlich erscheint Max vielen Menschen wie ein Schurke. Aber der sogenannte Schurke ist nur der Tyrann, der Held von gestern war. Es ist unvermeidlich, dass er sich verändert. Die Welt, die der Held zertrümmert, ist keine, die er willentlich vernichtet. Er ist Teil dieser Welt und vernichtet sie zu seiner eigenen Überraschung, weil er Mitleid hat. Und dieses Mitleid hebt seine eigene Welt aus den Angeln."

MEL GIBSON ÜBER

DEN HELDEN MAX:

„Seine Familie ist etwas aus einer anderen Ära, einer anderen Welt geworden. Etwas, das ihn plagt. Und doch kann er sich nicht überwinden, Blaster zu töten. Das würde sein Gewissen belasten. Er würde sich schämen. Oder vielleicht würde Max Blaster auch töten, aber etwas lässt ihn innehalten. Etwas, das er selbst gar nicht versteht, was er hasst. Es ist seine Schwäche. Oder besser: Er hält dies für seine Schwäche. Aber tatsächlich ist dieses Mitleid das einzige, was ihn vom Rest des Abschaums unterscheidet."

zen missdeutete (als ob nicht jeder von uns wie Max reagieren könnte, wenn ihm ein solches Geschick wiederführe), zeigt sich nun eindeutiger in kritischer Betrachtung: Max ist ausgebrannt, gefühllos, selbst fast nur ein Tier, das ums Überleben kämpft. Ansatzweise im zweiten und endgültig im dritten Teil entwickelt dieses in der Hölle der eigenen Verzweiflung vereiste Wesen allmählich wieder menschliche Wärme. In einer zerstörten Welt kann wohl nur jemand, der selbst fast zugrundeging, als Erlöser „auferstehen" - so wie Max jenseits der Donnerkuppel.

Es gibt bereits wieder eine Stadt in MAD MAX - JENSEITS DER DONNERKUPPEL (1985), zusammengesetzt aus den Versatzstücken der untergegangenen Welt, äußerlich wie innerlich. Regiert wird sie von Aunty Entity, nicht unbedingt mies, aber auch nicht sehr human.

Max wird zur Freude der Menge zum Zweikampf in der Donnerkuppel gezwungen, einem futuristischen Kolosseum. Er soll den Masterblaster aus dem Weg räumen, ein Geschöpf, das aus einem Zwerg (das Hirn) und einem „Riesen" (die Kraft) besteht und an die Hauptfiguren in John Steinbecks Roman „Von Mäusen und Menschen" erinnert. Da der siegreiche Max sich weigert, seinen Gegner zu töten, wird er in der Wüste ausgesetzt, doch er stößt auf eine Oase. Dort haben Kinder, die einen Flugzeugabsturz überlebten, ein kleines Paradies errichtet (das Gegenstück zu der negativen Utopie von William Goldings Klassiker „Herr der Fliegen"). Und sie warten auf einen Messias: Max.

Im dritten Teil trifft das Action-Kino auf die circusartige Monstrositätenshow eines Federico Fellini. Wir erleben das Entstehen einer neuen Gesellschaft, die - nach allem, was man sieht - kaum besser werden wird als die alte. Die Rockerhorden, die zuletzt zu Bestien degenerierten, sind nun großteils wieder zu (freilich recht aggressiven) Bürgern domestiziert worden, die von der Stadtherrin Aunty Entity fest an der Leine gehalten werden. Max selbst ist ein neuer Moses, der die Kinder in das gelobte Land ihrer Väter bringen soll. Aus dem Mann, der selbst beinahe ein Tier war, wird fast gegen seinen Willen ein Vorkämpfer für eine neue bessere Welt. Ein wahrhaft mythischer Held ist geboren, von dem man sich später wie einst von Achilles oder Siegfried am Lagerfeuer erzählen wird.

Die drei Filme sind bewusst zusammenhanglos gehalten, da es quasi drei Erzählungen um einen mythischen Helden sind, wie wenn jemand Anekdoten über einen außergewöhn-

Mel Gibson über MAD MAX – JENSEITS DER DONNERKUPPEL:

„Wir machen etwas völlig Neues mit diesem Film. Würden wir einfach den zweiten kopieren, gäbe es gar keinen Grund, einen dritten Film zu machen. Dies ist eine weit menschlichere Geschichte und hebt sich deutlich von den Vorgängern ab, aber die kinetische Energie der anderen Filme ist auch hier vorhanden."

In MAD MAX - JENSEITS DER DONNERKUPPEL wird Max zur messianischen Figur überhöht. In der Wüste sollte er sterben, doch er findet eine Oase, die ihn nicht nur rettet, sondern ihm auch einen neuen Lebenszweck gibt.

lichen Menschen zusammentragen würde und von jedem, der mal seinen Weg gekreuzt hätte, eine andere Geschichte erfahren würde. In diesem, in seiner Vielschichtigkeit einzigartigen Endzeit-Epos werden wie kaum in einem anderen Werk des modernen Action-Kinos alte Mythen vereinnahmt, um einen neuen Mythos zu schaffen - und dabei zugleich die Entstehung dieses Mythos analysiert.

Der Charakter von Max wird von Film zu Film mythischer, aber die vorangegangenen Werke entmystifizieren ihn zugleich, indem sie darstellen, wie er so wurde. In Teil 3 ist er ein Messias, ein Prophet, ein Führer ins Gelobte Land. In Teil 2 ist er der „Fremde ohne Namen", der Einzelgänger, der nur noch an sein eigenes Überleben denkt und wie ein wildes Tier jeden niedermacht, der ihn bedroht. Wer dieser Mann früher war, das spielt keine Rolle mehr und wird nie mehr erwähnt, doch im ersten Teil, da haben wir gesehen, wie ein Mann rot sah, wie aus Max Rockatansky dieser „verrückte" Max wurde.

Wenn man ein künstlerisches Vorbild für George Millers im Kino einzigartiges Konzept eines sich zum Mythos weiterentwickelnden Helden suchen würde, dann müßte man an einen Klassiker der amerikanischen Literatur denken: „Lederstrumpf" von James Fenimore Cooper. Diese fünf Romane haben nur einen losen inhaltlichen Zusammenhang, sie alle markieren Lebensabschnitte eines Mannes, der vom jungen Trapper zum der Zivilisation entfremdeten, mythischen Präriebewohner wird.

Natürlich ist Max aber ein Anti-Lederstrumpf, und die Welt, in der er lebt, eine bittere Antwort auf die Romantik des Wilden Westens der Pionierjahre. Aber wie bei allen Mythen steht auch bei der MAD MAX-Trilogie am Ende nicht der ewige Verfall und das wilde Chaos, sondern die Hoffnung auf eine bessere Welt ...

RANDNOTIZ
TERRY HAYES ÜBER

MEL GIBSON:
„Als ich mit Mel sprach, sagte ich zu ihm Versteh das jetzt nicht falsch, aber ich sage dir jetzt, worum es in diesem Film wirklich geht. Woraufhin er mich fragte, was ich meine und ich antwortete: Er ist Jesus in schwarzem Leder."

MAX:
„Ich weiß nicht, ob messianisch das richtige Wort ist. Heldengeschichten haben alle eine gewisse messianische Qualität inne, aber ich zielte nicht darauf ab. Es ist einfach so, dass messianische Geschichten Heldengeschichten sind. Und dies ist unsere Heldengeschichte, darum gibt es Ähnlichkeiten. In uns allen steckt ein Held. Dabei meine ich gar nicht, dass man tapfere Taten vollbringen muss. Es gibt genügend couragierte Menschen da draußen. Menschen, die eine emotionale Entwicklung und Reise durchmachen."

DIE REISE DES HELDEN:
„Das ist es, was eine Heldengeschichte uns zeigt: Dass wir alle das Potenzial haben, über uns hinauszuwachsen, zu etwas Besserem zu werden und das Gute in uns zu finden. Ich bin nicht sicher, ob das etwas mit Religion oder Gott zu tun hat, aber das ist im Grunde, was auch die Geschichte von Jesus ausmacht, der ein einfacher Zimmermann ist, der vielleicht nicht Gottes Sohn ist, aber sein Leben für etwas Größeres opfert. Das ist eine Reise für eine Heldenfigur. Die Reise von einem gewöhnlichen Mann zu etwas Außergewöhnlichem. Und das ist auch die Reise von Max. Er beginnt als gewöhnlicher Mann, durchwandert das Ödland und erreicht etwas Außergewöhnliches."

DIE HELDENGESCHICHTE:
„Diese Story könnte keine Heldengeschichte sein, wenn Max nicht als ein gewöhnlicher Mann beginnen würde. Andernfalls wäre es nur eine Geschichte um einen außergewöhnlichen Menschen. Das ist zum Beispiel auch das Problem, das ich mit CONAN, DER BARBAR habe. Arnold Schwarzenegger sieht alles andere als gewöhnlich aus. Diese Filme haben ganz klar ein Publikum, aber sie interessieren mich nicht. Das, was mich am meisten an einer Geschichte interessiert, ist dass es in uns allen das Potenzial zu Großem gibt. Und das spricht auch das Publikum an, da es dieses auf eine Weise berührt, die anderen Geschichten verschlossen ist. Diese Geschichten geben dem Publikum ein Gefühl dafür, zu was jeder einzelne selbst werden kann."

In MAD MAX - JENSEITS DER DONNERKUPPEL gibt es kaum noch Fahrzeuge - weil der Sprit längst ausgegangen ist. Doch in Aunty Entitys Reich hat man einen Weg gefunden, die alten Vehikel wieder in Gang zu setzen.

DER REGISSEUR

GEORGE MILLER

George Miller bei den Dreharbeiten zu MAD MAX - JENSEITS DER DONNERKUPPEL. Mit diesem Film schloss er seine Trilogie ab, fasste später aber den Plan, zu dem Stoff zurückzukehren.

Das Werk von George Miller ist überschaubar. Als Regisseur hat er in 32 Jahren neun Kinofilme inszeniert. Dazu kamen eine Dokumentation und zwei Miniserien, an denen er als Co-Regisseur beteiligt war. Nichtsdestotrotz gilt Miller als einer der wichtigsten australischen Filmemacher. Wohl auch, weil es sein MAD MAX war, der das australische Kino außerhalb des Kontinents so präsent wie kaum ein anderer Film gemacht hat.

George Miller wurde am 3. März 1945 in Brisbane, Queensland, geboren. Sein Vater ist ein griechischer Emigrant, Dimitri Castrisios Miliotis, der nach seiner Ankunft in Australien seinen Namen in Miller änderte. Millers Mutter ist Angela Balson. Ihre Familie ist griechischstämmig, lebte jedoch in Anatolien, bevor sie nach Australien kam. Nachdem sich beide kennengelernt und geheiratet hatten, zog es sie in das kleine Örtchen Chinchilla. Miller hat einen nicht eineiigen Zwillingsbruder namens John. Später wuchs die Familie noch um Chris und Bill an.

Die Familie lebte in Chinchilla, bis George zehn Jahre alt war. Dann zogen die Millers nach Sydney, wo George die Sydney Boys High School besuchte. Während dieser Jahre entschied er sich auch, dass er einmal Arzt werden wolle. Darum schrieb er sich nach vollendeter High School an der University of New South Wales ein. Während er studierte, stolperten sein Bruder und er über einen Wettbewerb, bei dem es darum ging, einen einminütigen Kurzfilm zu produzieren. Die Brüder nahmen die Herausforderung an und drehten einen Film, mit dem sie den Wettbewerb gewannen. Der Preis war ein Workshop in Melbourne, bei dem man mehr über das Filmemachen lernen konnte.

Bei diesem Workshop lernte Miller auch Byron Kennedy kennen, mit dem er sich sehr gut verstand und der zu seinem besten Freund werden sollte. Während Miller weiter Medizin studierte und nach abgeschlossener Ausbildung am St. Vincent Hospital arbeitete, entwickelten Kennedy und er verschiedene Drehbücher. Sie wollten Filmemacher werden, auch wenn Miller sich die Profession als Arzt quasi als Joker aufbewahren wollte, sollte es mit der Filmkarriere nichts werden.

Ihr erstes verwirklichtes Projekt war der Kurzfilm VIOLENCE IN THE CINEMA PART I, der sich auf satirische Art und Weise mit der Gewalt im Kino auseinandersetzte. Darin geht es um einen Redner, der die Katharsis-These vertritt und während seines Vortrags mehrmals verletzt wird. Dieser Film entstand 1971, doch es sollte noch lange dauern, bis Miller und Kennedy das Geld hatten, einen echten Langfilm zu produzieren.

Eigentlich hatte Miller gehofft, dass die vom Staat eingeführte Filmförderung ihm behilflich sein könnte, doch die Stoffe, die er verfilmen wollte, wurden dort in der Regel als nicht förderungswürdig angesehen. Dennoch wollten die beiden MAD MAX verwirklichen, sparten Geld und suchten nach Investoren. Es war ein mehrere Jahre andauernder Prozess, aber 1979 war es dann soweit. MAD MAX war fertig und konnte der Öffentlichkeit präsentiert werden.

Das Ergebnis überraschte alle. Der Film war nicht nur in Australien, sondern weltweit ein Erfolg und Miller war über Nacht in der Branche ein Name. Apropos Name: Der Name seiner Hauptfigur Max Rockatansky geht übrigens auf Millers medizinischen Background zurück. Er erwies damit Baron Carl von Rokitansky die Ehre, der eine noch heutige gängige Autopsie-Prozedur entwickelt hat.

Nach dem Erfolg des Films reiste Miller in die USA. Er hätte zwar Angebote für andere Filme gehabt, wollte aber erst mehr lernen, und entschloss sich dann zusammen mit Byron Kennedy, ein Sequel zu produzieren. So ging MAD MAX 2 - DER VOLLSTRECKER in Produktion und debütierte 1981. Der Film war ein noch größerer Erfolg als sein Vorgänger und eroberte auch - das war dem Erstling nicht gelungen - den amerikanischen Markt. Im Jahr 1983 war Miller an der australischen Miniserie THE DISMISSAL beteiligt. Außerdem wurde er von Steven Spielberg eingeladen, an UNHEIMLICHE SCHATTENLICHTER (TWILIGHT ZONE: THE MOVIE, 1983) teilzuhaben. Miller, der schon immer ein Fan des Phantastischen war und auch Rod Serlings TWILIGHT ZONE mochte, ließ sich das nicht zweimal sagen, so dass er

FILMOGRAPHIE

Jahr	Film (Originaltitel)
1979	Mad Max (Mad Max)
1981	Mad Max 2 - Der Vollstrecker (Mad Max 2: Road Warrior)
1983	Unheimliche Schattenlichter (Twilight Zone)
1983	The Dismissal
1984	The Last Bastion
1985	Mad Max - Jenseits der Donnerkuppel (Mad Max Beyond Thunderdome)
1987	Die Hexen von Eastwick (The Witches of Eastwick)
1992	Lorenzo's Oil (Lorenzos Öl)
1997	Australien - 40.000 Years of Dreaming (40.000 Years of Dreaming)
1998	Schweinchen Babe in der großen Stadt (Babe: Pig In the City)
2006	Happy Feet (Happy Feet)
2011	Happy Feet 2 (Happy Feet 2)

George Miller über das Filmen:

„Was mich sehr mitnahm, war die Tatsache, dass egal wie sehr man etwas vor dem inneren Auge visualisiert, es immer anders auf dem Film zu sehen ist. Ich hatte keine Kontrolle darüber, was wir letzten Endes filmten. Zu der Zeit dachte ich, das wäre nur mein Problem und ich sei einfach nicht geeignet, Filme zu machen. Aber natürlich ist es jedermanns Problem. Egal, wer der Regisseur und wie groß das Budget ist, die Probleme am Set sind immer dieselben."

George Miller erklärt Tina Turner, wie die nächste Szene gedreht werden soll.

George Miller über den Verlust von Byron Kennedy:

„Byron war außergewöhnlich. Wäre er hier, würde der Film (Mad Max III) ganz anders werden. Denn Byron kann man nicht ersetzen. Mein erster Impuls war, das Projekt abzublasen."

einer von vier Regisseuren wurde, die die einzelnen Geschichten inszenierten. Miller beschäftigte sich hier mit einem Remake einer Episode aus der klassischen Serie. Damals war es William Shatner, der auf der Tragfläche eines Flugzeugs ein Monster sah, nun traf es John Lithgow.

Zusammen mit Chris Thomson inszenierte Miller 1984 die Miniserie THE LAST BASTION, die sich mit Australien zu Zeiten des Zweiten Weltkriegs beschäftigte. Außerdem bereitete er MAD MAX - JENSEITS DER DONNERKUPPEL vor, wobei er nach dem Tod seines Freundes Kennedy darüber nachdachte, das Projekt zu den Akten zu legen, dann jedoch entschied, dass dies nicht in Byrons Sinne gewesen wäre.

Mit diesem Film glaubte Miller, die Saga um Max Rockatansky abgeschlossen zu haben. Und für mehr als ein Viertel Jahrhundert sollte das auch so sein. Miller war bereit, sich anderen Themen zu widmen. Das erste Projekt, das er nach dem dritten MAD MAX verwirklichte, war DIE HEXEN VON EASTWICK (THE WITCHES OF EASTWICK, 1987). Hier geht es um die drei Freundinnen Alex, Jane und Sukie, alle im besten Alter, denen es an "richtigen" Männern fehlt. Statt des ersehnten Traumprinzen erscheint jedoch ein dreister Luxus-Macho, eher schleimig als charmant, aber mit gewissen überirdischen Fähigkeiten ausgestattet. Und während man zu viert lustvoll-verhexte Orgien feiert, kommen Tod und Teufel über die Stadt. Die männliche Hauptrolle wurde von Jack Nicholson gespielt und der Film erwies sich als Erfolg, der dreimal im Fernsehen als Serie wiederaufleben sollte, dort aber kein Publikum fand. Einzig erfolgreich war Millers Film.

Fünf Jahre vergingen, bis Miller als Regisseur einen neuen Film vorweisen konnte. Seine Fans überraschte er, ist LORENZOS ÖL (LORENZO'S OIL, 1992) doch ein Drama um einen Jungen, der von Tobsuchtsanfällen heimgesucht wird. Seine verzweifelten Eltern besuchen mit ihm unzählige Ärzte um, den Grund für sein Verhalten zu finden. Das Ergebnis ist eine seltene, tödlich verlaufende Krankheit, die weitgehend unerforscht ist. Seine Eltern geben Lorenzo nicht auf, sondern kämpfen und begeben sich dabei auf einen ungewöhnlichen Weg.

Auch bis zu Millers nächster Regiearbeit vergingen fünf Jahre. Dann präsentierte er AUSTRALIEN - 40.000 YEARS OF DREAMING (40.000 YEARS OF DREAMING, 1997), eine Dokumentation über Australien und seine Filme. Ein sehr persönlicher Film mit schönen Bildern. Zu dem Zeitpunkt hatten MAD MAX-Fans die Hoffnung schon fast aufgegeben, dass ihr Action-Regisseur in sein angestammtes Genre zurückkehrt. Endgültig zerstört wurde diese Hoffnung 1998 mit SCHWEINCHEN BABE IN DER GROSSEN STADT (BABE: PIG IN THE BIG CITY), der Fortsetzung des von ihm geschriebenen EIN SCHWEINCHEN NAMENS BABE (BABE, 1995). Miller hatte auch das Skript geschrieben und präsentierte einen sehr surreal anmutenden, aber faszinierenden Film.

Fast ein Jahrzehnt verging, bevor Miller wieder Regie führte, diesmal bei einem Animationsfilm. Es war dies HAPPY FEET (HAPPY FEET, 2006), der Miller einen Oscar für den besten Animationsfilm einbrachte und an der Kinokasse für Furore sorgte. Für Miller war dies

George Miller über den heroischen Mythos in Mad Max:

„Wir erkannten, dass wir dem Film eine sehr klassische, mythologische Struktur gegeben hatten. Wir erzählten eine grundsätzliche Geschichte, nur anstelle der Schwertkämpfe gab es hier halt Autoverfolgungsjagden. Diese Wahrnehmung der Mythologie hat nichts mit dem Individuum zu tun. Es ist eine kollektive Sache. Tatsächlich hab ich nie daran geglaubt, bis ich selbst sah, wie es bei Filmen funktioniert."

Eine Set-Photographie der Dreharbeiten von MAD MAX - JENSEITS DER DONNERKUPPEL. Gedreht wird die Szene, in der Max als Strafe in die Wüste geschickt wird.

ein Film wie all seine anderen auch. Einem Journalisten erzählte er, dass seine Filme alle ein- und dasselbe sind, egal, ob es um Menschen oder Tiere geht oder sie im australischen Outback oder in der Antarktis spielen. Die essenziellen Bestandteile jeder Geschichte, so Miller, sind gleich.

Die lange Drehpause zwischen SCHWEINCHEN BABE IN DER GROSSEN STADT und HAPPY FEET erklärt sich übrigens dadurch, dass Miller 2002 angekündigt hatte, einen vierten MAD MAX-Film zu machen. Die Dreharbeiten hätten schon 2003 beginnen sollen, aber dann landete das Projekt in der Development Hell, wo Miller es etwa ein Jahrzehnt später wieder heraus holte.

Neben seiner Tätigkeit als Autor und Regisseur war Miller auch immer als Produzent tätig, zuerst zusammen mit Kennedy und der eigenen Firma Kennedy-Miller, aus der schließlich Kennedy-Miller Mitchell Films wurde. Der Name des Teilhabers Doug Mitchell wurde aufgenommen. Als Produzent hat Miller neben verschiedenen Fernsehproduktionen auch den Thriller TODESSTILLE (DEAD CALM, 1989) produziert, mit dem Nicole Kidman international auf sich aufmerksam machte.

Immer wieder gab es Projekte, aus denen nichts wurde. So sollte Miller im Jahr 2008 für Warner JUSTICE LEAGUE OF AMERICA, einen Film nach einem DC-Comic, inszenieren, in dem die größten Helden des Verlags, da-

George Miller über MAD MAX - JENSEITS DER DONNERKUPPEL:

„Die Geschichte spielt 15 Jahre später. In der Zeit hat Max einige Abenteuer erlebt und überlebt. Die Ressourcen sind kaum noch vorhanden, so hat er sich einen Wagen gebaut, der ohne Benzin auskommt. Er ist ein Mann, der Dinge sammelt, findet, zu improvisieren weiß. Max kann auf sich aufpassen."

George Miller über den Verlust von Byron Kennedy:

„Vor ein paar Jahren hätte ich das Projekt vielleicht aufgegeben, aber nun ist das Gegenteil passiert. Wir haben unsere intensivste Arbeitsperiode begonnen, haben 20 Stunden hochqualitatives Fernsehen und MAD MAX - JENSEITS DER DONNERKUPPEL in 18 Monaten unter Dach und Fach gebracht. Wir haben sehr hart gearbeitet und ich bin froh, dass wir das getan haben. Denn es half auch, mit Byrons Tod umzugehen und sich nicht aus dem Leben zurückzuziehen, sondern es mit beiden Armen zu packen."

Die Dreharbeiten zu MAD MAX - JENSEITS DER DONNERKUPPEL sind im Gange. Hier zu sehen ist das Ende der Eisenbahnstrecke, auf der das große Finale stattfindet.

AUSZEICHNUNGEN

Jahr	Titel
1982	Australian Film Institute Award für MAD MAX 2 - DER VOLLSTRECKER (Beste Regie und Bester Schnitt)
1987	Australian Film Institute Award für DAS JAHR MEINER ERSTEN LIEBE (Bester Film)
1991	Australian Film Institute Award für FLIRTING – SPIEL MIT DER LIEBE (Bester Film)
2007	Academy Award für HAPPY FEET (Bester Animationsfilm)
2007	BAFTA Award für HAPPY FEET (Bester Animationsfilm)
2007	The Queensland - United States Personal Achievement Award
2007	FIAPF Award für Outstanding Achievement in Film
2007	AFI Global Achievement Award
2009	Französischer Order of the Arts and Letters.

runter Superman, Batman, Flash, Wonder Woman und Green Lantern, gemeinsam gegen einen Feind vorgehen müssen. Das Projekt war damals so weit gediegen, dass die Kostüme gefertigt, die Sets gebaut und die Schauspieler verpflichtet waren. Tatsächlich befanden sich schon alle Schauspieler in Australien, als dort eine Woche vor Drehstart die Produktion eingestellt wurde.

Miller stürzte sich danach auf HAPPY FEET 2 in 3D, der 2011 seine Premiere feierte. Mit diesem Film knüpft er an einen seiner großen Erfolge an. Und während er damit beschäftigt war, begann er auch wieder, MAD MAX neue Gestalt annehmen zu lassen. Der vierte Teil der Reihe soll den Namen MAD MAX: FURY ROAD tragen und wird auf Mel Gibson verzichten müssen. Ins Kino kommen soll der Film im Jahr 2013. Einige Schauspieler wie Tom Hardy oder Charlize Theron sind bereits bekannt, aber das schließt nicht aus, dass das Projekt nicht vielleicht doch wieder im Nirvana landen wird. Aber die Hoffnung stirbt bekanntlich zuletzt - und die Gerüchte von gleich zwei MAD MAX-Sequels machen auch immer noch die Runde. So darf man wohl eines als sicher ansehen: Wenn nicht jetzt, dann irgendwann. Die Saga von George Millers Mad Max wird neu beginnen. Für Miller ein Vermächtnis - und das schon zu Lebzeiten.

George Miller über das Unterbewusste:

„Es fing mit Carl Jung und seiner Arbeit über das kollektive Unterbewusste an. Jung sprach darüber, dass Mythen Träume sind, die wir alle miteinander teilen. Wir teilen diese Erfahrungen dabei mit Menschen, die zu allen Zeiten gelebt haben. Mit anderen Worten heißt dass, dass Menschen, die in der Urzeit gelebt haben und Menschen aus der zivilisierten Moderne dieselben Geschichten miteinander teilen. Diese Geschichten leben fort, wiederholen sich und sind Teil jeder Kultur. Indem wir also Geschichten mit Basis-Themen und Basis-Erfahrungen erzählen, erlebt das Publikum etwas, das es normalerweise nicht haben würde. Das verbindet uns mit allen Menschen, die vor uns existiert haben."

ER IST DER DARSTELLER

MEL GIBSON

Ein Mann mit vielen Gesichtern

In KOPFGELD (RANSOM, 1996) wird Mel Gibsons Sohn entführt, aber er bezahlt kein Lösegeld, sondern lobt ein Kopfgeld auf die Entführer aus.
In DER MANN OHNE GESICHT (THE MAN WITHOUT A FACE, 1993), seinem Regiedebüt, spielt er einen entstellten Mann, der sich von der Gesellschaft zurückgezogen hat, aber durch einen mutigen Jungen dazu bewegt wird, aus sich herauszugehen.

Viele halten ihn für einen Australier doch eigentlich ist Mel Gibson gebürtiger Amerikaner. Er wurde am 3. Januar als sechstes von elf Kindern 1956 in Peekskill, New York, geboren. Seine Eltern gaben ihm den schönen Namen Mel Columcille Gerard Gibson. Erst 1968 zog die Familie nach Australien.

Mels Vater Hutton arbeitete als Bremser bei der New York Central Railroad. Er fand, New York City sei nicht der richtige Ort, um Kinder großzuziehen, darum zog er mit der Familie zunächst nördlich nach Croton-on-Hudon, dann ins nahe gelegene Verplanck Point und 1961 schließlich auf eine Farm in Mount Vision. Hutton Gibson arbeitete und lebte unter der Woche in New York, am Wochenende kümmerte er sich um Farm und Familie. Entsprechend lebten Mutter Anne und die Kinder ziemlich isoliert, da Anne nicht Autofahren konnte und sie die Farm deshalb nicht verlassen konnten.

1964 hatte Hutton einen schweren Arbeitsunfall und verlor seinen Job. Die Gibsons mussten sich eine billigere Bleibe suchen und die älteren Kinder waren gezwungen, mit für den Unterhalt der Familie zu sorgen, während der Vater sich einen Schadensersatz von seinem ehemaligen Arbeitgeber zu erstreiten versuchte. Der Streit dauerte drei Jahre, zahlte sich für den Familienvater jedoch aus: Ihm wurden 145.000 Dollar zugesprochen! Als er dann auch noch 21.000 Dollar in der Quizshow Jeopardy gewann, stand der Entschluss fest, nach Australien auszuwandern. Oft wird behauptet, dass Vater Gibson durch den Umzug verhindern wollte, dass seine Söhne in den Vietnamkrieg ziehen mussten, doch das war laut Gibson nicht der eigentliche Grund, denn auch in Australien hätten die Söhne theoretisch zum Militär gemusst. Entscheidender war wohl die Tatsache, dass noch ein Großteil der Familie von Mels Mutter Anne dort lebte. Deren Mutter, eine Opernsängerin, hatte Down Under einst verlassen und war in die USA emigriert. Das Familienoberhaupt Hutton war zudem ein streng gläubiger Katholik, der selbst einmal Priester werden wollte. Die Veränderungen in den USA der sechziger Jahren, die Hippies mit ihren Ideen von Bewusstseinserweiterung und Promiskuität sah er als ein Zeichen moralischen Verfalls, vor dem er seine Familie schützen wollte.

Über Irland, Schottland, England und Rom, wo sie einige Zeit im Vatikan verbrachten, gelangte die Familie Gibson im November 1968 schließlich nach Australien und ließ sich in einem Vorort nördlich von Sydney nieder. Man schickte Mel auf das streng katholische St. Leo's College, wo man ihn wegen seines Akzents gnadenlos aufzog. Er rebellierte gegen die strengen Regeln und bekam ständig Schläge - weil er rauchte, sich prügelte und sich einfach nicht an die Regeln halten wollte!

Mel Gibson über Max:

„Max ist ein Killer, aber er hat einen Ehrenkodex, nach dem er lebt. Dieser Ehrenkodex ist jedoch, wenn man so will, seiner Umwelt angepasst, so dass Morden gerechtfertigt wird."

Mel Gibson wurde als Action-Star bekannt, hat im Verlauf seiner Karriere aber auch in interessanten Dramen mitgespielt, so etwa Peter Weirs GALLIPOLI (GALLIPOLI, 1981).

In DIE KETTENREAKTION (THE CHAIN REACTION, 1980) hat Mel Gibson nur einen kleinen Gastauftritt, den er für seine am Film beteiligten Kumpel absolvierte.

ICH HAB DIR NIE EINEN ROSENGARTEN VERSPROCHEN (I NEVER PROMISED YOU A ROSE GARDEN, 1977) war Gibsons erster Film, er hat hier aber nur einen in den Stabsangaben gar nicht genannten Mini-Auftritt als Baseball-Spieler.

DIE GRÜNEN TEUFEL VOM MEKONG (ATTACK FORCE Z, 1982) erzählt von australischen Soldaten, die im Zweiten Weltkrieg gegen Japaner kämpfen.

Hutton nahm Mel schließlich von der Schule und schickte ihn auf eine staatliche Institution. Dort wurde aus dem Ami Mel ein echter Aussie, der mit Freunden um die Häuser zog, soff, andere vermöbelte - und was man als junger Australier sonst so tut. Natürlich stellte sich für Mel irgendwann die Frage, was er werden wollte. Wie sein Vater dachte er darüber nach, Priester zu werden. Auch der Journalismus interessierte ihn, aber eine echte Berufung empfand er nicht. Am Ende verdingte er sich in einer Orangensaft-Abfüll-Fabrik in Sydney. Er hat es wohl seiner Schwester Sheila zu verdanken, dass er dort nicht versauerte. Sie war eine große Bewunderin ihres Bruders und überzeugt, dass er das Zeug zum Schauspieler hatte. Kurzerhand füllte sie ein Formular des National Institute of Dramatic Arts an der Universität von New South Wales aus. Prompt wurde er angenommen, und aus dem Fabrikarbeiter Mel wurde der Schauspielstudent Mel.

Am Anfang muss Mel eine ziemlich Antihaltung an den Tag gelegt haben. Er nahm die ganze Angelegenheit nicht weiter ernst, was bei den anderen, engagierten Studenten nicht sonderlich gut ankam. Das war in den siebziger Jahren, und Mel war wohl mehr daran interessiert, sich den modisch passenden Bart und die richtige Frisur zuzulegen, als sich mit Shakespeare und Co. zu beschäftigen. Mit Disziplin hatte er nicht viel am Hut. Er zog bei seinen Eltern aus und teilte sich ein Apartment mit drei anderen Jungs.

Nach einiger Zeit begann Mel Gibson dann aber doch, Einsatz zu zeigen. Ein wichtiger Schritt war sicher, dass er sein schreckliches Lampenfieber in den Griff bekam, das ihn bei seinem allerersten Auftritt in die Knie gezwungen hatte. Ein kleiner Meilenstein auf seinem Weg zu Weltruhm war sein Auftritt als Romeo an der Seite seiner Mitstudentin Judy Davis (CELEBRITY) in Shakespeares „Romeo und Julia". Es war vielleicht sein erster großer Erfolg. Und ohne Bart und Mähne erkannte man nun auch, wie außer-

FILMOGRAPHIE
SCHAUSPIELER

Jahr	Film (Originaltitel)
1976	The Sullivans (Fernsehserie)
1977	Ich hab' dir nie einen Rosengarten versprochen (I Never Promised You a Rose Garden)
1977	Summer City
1979	Mad Max (Mad Max)
1979	Tim (Tim)
1980	Die grünen Teufel vom Mekong (Attack Force Z)
1980	Die Kettenreaktion (The Chain Reaction)
1981	Punishment (Fernsehserie)
1981	Gallipoli - An die Hölle verraten (Gallipoli)
1981	Tickeld Pink (Fernsehserie, 1 Episode)
1981	Mad Max 2 - Der Vollstrecker (Mad Max II)
1982	Ein Jahr in der Hölle (The Year of Living Dangerously)
1984	Die Bounty (The Bounty)
1984	Menschen am Fluß (The River)
1984	Flucht zu dritt (Mrs. Soffel)
1985	Mad Max - Jenseits der Donnerkuppel (Mad Max Beyond Thunderdome)
1987	Lethal Weapon - Zwei stahlharte Profis (Lethal Weapon)
1988	Tequila Sunrise (Tequila Sunrise)
1989	Lethal Weapon 2 - Brennpunkt L.A. (Lethal Weapon 2)
1990	Ein Vogel auf dem Drahtseil (Bird on a Wire)
1990	Air America (Air America)
1990	Hamlet (Hamlet)
1992	Lethal Weapon 3 - Die Profis sind zurück
1992	Forever Young (Forever Young)
1993	Der Mann ohne Gesicht (The Man without a Face)
1994	Maverick (Maverick)
1995	Braveheart (Braveheart)
1995	Pocahontas (Pocahontas, Stimme)
1995	The Chili Con Carne Club (Kurzfilm)
1996	Kopfgeld (Ransom)
1997	Ein Vater zuviel (Father's Day)
1997	Fletchers Visionen (Conspiracy Theory)
1997	Fremde Wesen (FairyTale: A True Story)
1998	Lethal Weapon 4 - Zwei Profis räumen auf
1999	Payback - Zahltag (Payback)
2000	The Million Dollar Hotel (The Million Dollar Hotel)
2000	Chicken Run - Hennen rennen (Chicken Run, Stimme)
2000	Der Patriot (The Patriot)
2000	Was Frauen wollen (What Women Want)
2002	Wir waren Helden (We Were Soldiers)
2002	Signs - Zeichen (Signs)
2003	The Singing Detective (The Singing Detective)
2004	Paparazzi (Paparazzi)
2004	Complete Savages (Fernsehserie, 3 Episoden)
2010	Auftrag Rache (Edge of Darkness)
2011	Der Biber (The Beaver)
2011	How I Spent My Summer Vacation

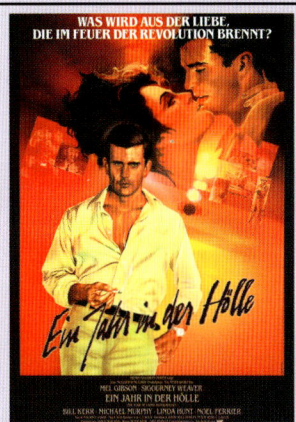
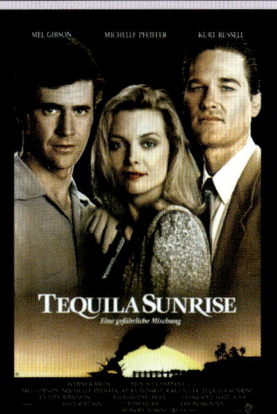
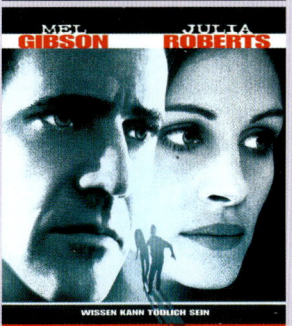

gewöhnlich gut dieser Mel Gibson aussah. Positiven Einfluss hatte in dieser Zeit Geoffrey Rush (GROUPIES FOREVER) auf den wilden Mel. Die beiden teilten sich eine Wohnung und der Enthusiasmus des Mitstudenten färbte auf ihn ab. Gemeinsam mit einem anderen Freund und Kollegen, Steve Bisley, traf Mel Gibson den Produzenten Phil Avalon, der die beiden für den Surferfilm SUMMER CITY engagierte. Für die Mindestgage von 400 Dollar konnten sie Schauspielerfahrung sammeln und hatten dazu noch jede Menge Spaß. Mel konzentrierte sich dabei wohl vor allem auf Co-Star Deborah Forman. Doch daraus entwickelte sich keine ernste Beziehung, was die junge Frau kurzeitig so aus der Bahn geworfen haben soll, dass sie auf einer Party versuchte, sich das Leben zu nehmen.

Durch SUMMER CITY, die Low Budget-Produktion um eine Gruppe Jugendlicher und deren Urlaubstrip mit viel Bier, Frauen und Surfspaß, bekam Mel Gibson einen Vertrag mit dem Agenten Bill Shannahan, denn schon in diesem ersten Filmchen war Gibsons Charme unübersehbar - und so nahmen die Dinge ihren Lauf.

Shannahan verschaffte Mel einen Part in der Soap-Opera THE SULLIVANS, in deren Mittelpunkt eine katholische Familie der unteren Mittelklasse während des Zweiten Weltkriegs steht. Mel konnte der Fernseharbeit allerdings nichts Positives abgewinnen, da er der Überzeugung war, dass unter Zeitdruck keine gute Arbeit entstehen könnte. Um mehr zu lernen, schloss er sich der South Australia Theatre Company an und tourte mit dem Stück „Warten auf Godot" durch die Lande. In diese Zeit fällt auch eine Begegnung, die nun wirklich einen Meilenstein im Leben des Mel Gibson darstellt: Als sie in Adelaide Station machten, lernte er in der Küche der Pension in der wohnte, eine hübsche junge Frau kennen, die dabei war, Frühstück zu machen. Robyn Moore, so hieß sie, hatte zu der Zeit noch einen Freund. Den schoss sie aber schon bald in den Wind und heiratete im Juni 1980 ihre Frühstücksbekanntschaft Mel Gibson. Die beiden waren über fast drei Jahrzehnte hinweg ein Paar und haben sieben gemeinsame Kinder: Hannah (die Älteste), die Zwillinge Edward und Christian, William, Louis, Milo und Tommy. Robyn machte die außerehelichen und alkoholischen Exzesse ihres Mannes mit, aber irgendwann war sie dessen leid und reichte die Scheidung ein. Beide trennten sich 2006, die Scheidung erfolgte drei Jahre später aufgrund unüberwindbarer Differenzen. Schmutzige Wäsche wurde nicht gewaschen, aber Robyn erhielt mehrere hundert Millionen Dollar.

Die Umstände, wie Mel Gibson an die Hauptrolle in MAD MAX kam, ist der Stoff einer Legende, die der Schauspieler seit Jahren selbst kolportiert: Fast wäre er gar nicht zu dem Vorsprechen gegangen, denn am Abend vorher hatte er eine äußerst heftige Schlägerei

Als durchgeknallter und Selbstmordgefährdeter Martin Riggs war Mel Gibson in LETHAL WEAPON - ZWEI STAHLHARTE PROFIS (LETHAL WEAPON, 1987) der Partner von Danny Glover. Der von Richard Donner inszenierte Film erwies sich als immenser Hit und festigte Gibsons Ruf als Action-Star.

Mel Gibson ist DER MANN OHNE GESICHT. Eine ungewöhnliche Rolle, da er sich hier nicht auf sein gutes Aussehen verlassen konnte. Außerdem führte er Regie, meisterte die Doppelbelastung jedoch mit Bravour.

FILMOGRAPHIE
REGISSEUR

Jahr	Film (Originaltitel)
1993	Der Mann ohne Gesicht (The Man without a Face)
1995	Braveheart (Braveheart)
2004	Die Passion Christi (The Passion of the Christ)
2004	Complete Savages (3 Episoden)
2006	Apocalypto (Apocalypto)

in einer Bar. Am nächsten Tag sah er verboten aus: Er hatte genähte Wunden, eine zermatschte Nase und ein schiefes Kinn. Man forderte ihn auf wiederzukommen, wenn man die Bösewichte für den Film casten würde, denn mit seinem geschundenen Gesicht wirkte er wahrlich furchterregend. Als der kurierte Gibson wieder vor den Casting-Experten stand, waren sie sicher, dass dieser gutaussehende junge Mann genau der richtige für die Rolle des Max Rockatansky wäre! Wegen des für heutige Standards lächerlichen Budgets von 400.000 Australischen Dollars mussten alle bei den Dreharbeiten mitanfassen. Cast und Crew lebten zusammen in einem Haus und sorgten gemeinsam dafür, dass das Equipment von Drehort zu Drehort geschafft wurde. Der futuristische Film um einen Cop im postatomaren Australien, der den Mord an Frau und Kind durch eine Motoradgang rächen will, entwickelte sich zur Sensation und spielte am Ende ein Vielfaches von dem ein, was er gekostet hatte.

Mel ließ sich von diesem Riesen-Erfolg nicht durcheinander bringen, und spielte weiter Theater, u.a. in Stücken wie „Oedipus Rex" und „Henry IV". Er wollte sein Repertoire ausbauen und da kam es ihm sehr gelegen, dass man ihm einen ganz anderen Part als den des schlagkräftigen Helden a la MAD MAX anbot: Als TIM schlüpft Mel in die Rolle eines Arbeiters mit unterdurchschnittlicher Intelligenz, der sich mit einer älteren Frau, gespielt von Piper Laurie, anfreundet. Hier ist Gibson nicht der harte Actionheld, sondern erobert mit viel leiseren Tönen die Herzen der Zuschauer. In seiner Darstellung des Tim betont er eher dessen Naivität und weniger dessen geistige Behinderung. Für diese sensible Interpretation eines Außenseiters wurde Gibson mit dem Best Actor Award des Australian Film Institute ausgezeichnet.

Nach weiteren Bühnenrollen nahm Mel neben Sam Neill (JURASSIC PARK) eine Rolle in ATTACK FORCE Z an. Zunächst sollte Philip Noyce (DER KNOCHENJÄGER) den Film über einen Spezialeinsatz gegen die Japaner im Zweiten Weltkrieg inszenieren. Daraus wurde nichts und der neue Regisseur macht John Philip Law zum Star, wovon weder Neill noch Gibson begeistert waren. Es folgte ein weiteres Gastspiel beim ungeliebten Fernsehen in der Gefängnisserie PUNISHMENT. Dann folgte Peter Weirs Anti-Kriegsdrama GALLIPOLI um zwei Sportler (Gibson und Mark Lee), die sich zwischen Olympiade und „patriotischer Pflicht" entscheiden müssen. Sie ziehen für ihr Land in den Ersten Weltkrieg und bekommen die Brutalität des Krieges mit voller Wucht ab. Erneut begeisterte Mel Gibson Zuschauer und Kritiker - obwohl ihn Peter Weir in einem Interview auf der GALLIPOLI-DVD als einen jungen Mann beschreibt, der den Kopf voller Rosinen, aber keine großen Karriere-Ambitionen hatte. Das australische Filminstitut belohnte Gibson für seine Darstellung des Frank Dunne mit einem zweiten Best Actor-Award.

Ein richtig großer Hit an der Kinokasse war dann der zweite MAD MAX-Film, der allein am Startwochenende in den USA das Budget von 2 Millionen Dollar einspielte. MAD MAX 2 - DER VOLLSTRECKER blieb

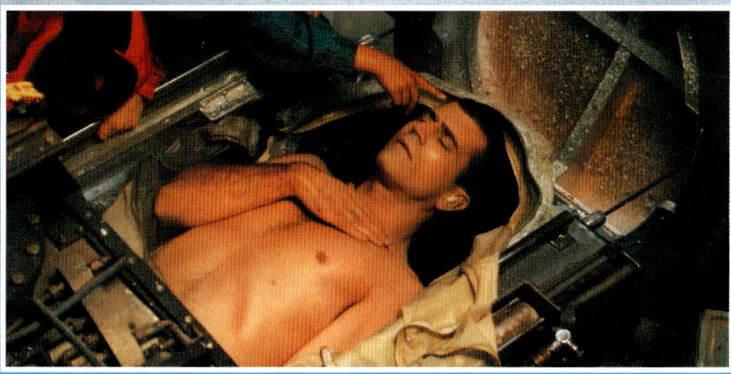

aber auch beim australischen Film Institute nicht unbeachtet und so wurde u.a. George Miller, der bereits den ersten Teil inszeniert hatte, für seine Regiearbeit ausgezeichnet. Einen Preis nahm Mel Gibson diesmal nicht mit nach Hause, dafür machte der Film ihn zum Star.
Natürlich bot man Gibson nach dem großen Erfolg von MAD MAX 2 weitere Actionrollen an. Doch statt einen Part in der Stephen King-Verfilmung RUNNING MAN anzunehmen, verbrachte er für Peter Weir EIN JAHR IN DER HÖLLE. Darin mimt Mel einen jungen Reporter, der während seines ersten Auslandseinsatzes 1965 Zeuge der Revolution in Indonesien wird. Bei diesem Einsatz begegnete Gibson Co-Star Sigourney Weaver, mit der er allerdings nur auf der Leinwand eine

Die vielen verschiedenen Gesichter des Mel Gibson: Als Tom Garvey in MENSCHEN AM FLUSS (THE RIVER, 1984), als Captain Daniel McCormick in FOREVER YOUNG (FOREVER YOUNG, 1993) und als aufrührerischer Fletcher Christian in DIE BOUNTY (THE BOUNTY, 1984).

Affäre hatte. Die beiden verstanden sich zwar auf Anhieb hervorragend, waren aber beide in festen Händen. Noch heute gerät Mel Gibson allerdings ins Schwärmen wenn es um Mrs. Weaver geht und er liegt richtig, wenn er vermutet, dass er ebenfalls „Einfluss auf ihre Pulsfrequenz" habe, denn Weaver bezeichnete ihn immerhin als den „großartigsten Mann, den ich je getroffen habe"!
Mit der BOUNTY machte sich Mel Gibson dann schließlich auf den Weg nach Hollywood. Zwar war auch schon EIN JAHR IN DER HÖLLE mit US-Geldern finanziert worden, doch DIE BOUNTY war Gibsons erster richtiger Hollywood-Film. Mit an Bord waren u.a. Laurence Olivier, Liam Neeson und Daniel Day-Lewis. Während der Dreharbeiten auf Moorea, einer Insel in der Nähe von Tahiti, soll es einige ausschweifende Saufgelage gegeben haben, bei denen natürlich auch Mel Gibson anwesend war.
Die Trinkerei entwickelte sich langsam zu einem ernsthaften Problem. Es gab Schlägereien, die zur Folge hatten, dass Drehpläne geändert werden mussten, damit die Beulen

Eine Rolle, die man ihm nicht zugetraut hatte. Als dänischer Prinz in Franco Zeffirellis Shakespeare-Verfilmung HAMLET (HAMLET, 1990).

Mel Gibson an der Seite von Diane Keaton in FLUCHT ZU DRITT (MRS. SOFFEL, 1984), ein Drama, das nicht weiter Wellen schlug.

in seinem Gesicht verheilen konnten und er wurde betrunken am Steuer seines Autos erwischt. Doch Gibson schaffte es, das Alkoholproblem in den Griff zu kriegen. Jahre später verriet er, dass er sich bei Tina Turner dafür bedanken muss. Die gab ihm bereits 1985 während der Dreharbeiten zu MAD MAX III - JENSEITS DER DONNERKUPPEL einen guten Rat, den sie ihm auf ein Foto von ihm geschrieben hatte. Auf dem Bild stand „Don't fuck this up". Zunächst fragte sich Gibson, was sie damit meinte, es dauerte jedoch nicht lange, bis ihm dämmerte, was sie ihm hatte sagen wollen. Es verging trotzdem noch einige Zeit, bis er sein Problem wirklich in den Griff be-kam. 1991 suchte er Hilfe bei den Anonymen Alkoholikern.

Beruflich erlebte er keinen größeren Einbruch: Bevor er zum dritten Mal in die Rolle des Max Rockatansky schlüpfte, kämpfte er in MENSCHEN AM FLUSS mit Sissy Spacek um ihre kleine Farm und mit Diane Keatons Hilfe wurde er in FLUCHT ZU DRITT zum Ausbrecher. Mit Filmen wie diesen versuchte Gibson, der Actionheld-Schublade zu entkommen - mit seinem nächsten Projekt landete er allerdings wieder in eben dieser: Direkt nach dem eher flauen MAD MAX III übernahm er neben Danny Glover die Hauptrolle in LETHAL WEAPON. Daraus entstand eine Filmserie mit bisher vier Filmen, in denen Gibson den tollkühnen Cop Martin Riggs spielt, der sich im Gegensatz zu seinem eher konservativen Kollegen und Familienmenschen Roger Murthaugh (Danny Glover) nicht immer an die Regeln hält.

Nun war Mel Gibson wirklich ein Superstar, denn die von Richard Donner inszenierte Geschichte war beim Publikum ein absoluter Renner. Gibson brauchte sich keine Sorgen mehr zu machen und kauf-

te eine Farm in Victoria und ein Haus in Malibu, so dass er auch während der Dreharbeiten bei seiner Familie sein konnte.
Nach LETHAL WEAPON - ZWEI STAHLHARTE PROFIS, dieser zündenden Mischung aus Action, Komödie und Buddy-Movie, wechselte Gibson die Seiten und spielte in TEQUILA SUNRISE einen Drogendealer. Verfolgt wird er als solcher von Kurt Russell, der sich zudem auch noch für die gleiche Frau (Michelle Pfeiffer) interessiert. Seit diesem Film sind Russell und Gibson gute Freunde und Mel drehte kurze Zeit später einen Film mit Russells Ehefrau Goldie Hawn: EIN VOGEL AUF DEM DRAHTSEIL war eine Komödie genau nach Mels Geschmack, allerdings wirken seine witzigen Sprüche hier nicht so gut wie im Zusammenspiel mit seinem LETHAL WEAPON-Kollegen Danny Glover.
Nach diesem doch eher seichten Action-Spaß, in dem Gibson noch seine Vokuhila-Frisur (vorne kurz, hinten lang) trägt, sah man ihn in einem weiteren Kriegsfilm: AIR AMERICA spielt zu Zeiten des Vietnamkriegs.

Mel Gibson ist als Frachtpilot gemeinsam mit Robert Downey Jr. für die CIA unterwegs und gerät dabei natürlich in etliche Schwierigkeiten. Schwierigkeiten hatten auch viele Zuschauer mit dieser haarsträubenden Flieger-Action. Gibson konnte sich aber ohne weiteres einen weniger erfolgreichen Film leisten, denn er hatte schon genügend Hits auf seinem Konto. Zu diesem Zeitpunkt waren bereits zwei LETHAL WEAPON-Filme (ZWEI STAHLHARTE PROFIS und BRENNPUNKT L.A.) in den Kinos gelaufen, und er sehnte sich mal wieder nach etwas ruhigeren, weniger körperlichen

FLUCHT ZU DRITT (MRS. SOFFEL, 1984) war ein Film, mit dem Mel Gibson zeigen wollte, dass er eben nicht nur Action-Filme drehen kann. Der Western MAVERICK - DEN COLT AM GÜRTEL, EIN AS IM ÄRMEL (MAVERICK, 1994) basiert auf der Westernserie mit James Garner. Neben Action gibt es auch viel Humor. Während der Dreharbeiten freundete sich Gibson mit Kollegin Jodie Foster an.

Rollen. Natürlich flatterten ihm lauter Angebote für weitere Actionhelden ins Haus, denn in diesen Rollen wollte ihn das Publikum sehen. Er sollte als Robin Hood durch den Sherwood Forrest reiten und als James Bond der Queen zu Diensten sein. Den 007 bot man ihm sogar zweimal an: als Roger Moore aufhörte und als Timothy Dalton sich verabschiedete! Statt Action und Abenteuer entschied sich Gibson aber für Shakespeares HAMLET unter der Regie von Franco Zeffirelli. Natürlich feierte er mit diesem Film keine Riesenerfolge, doch alle, die ihn gesehen haben, sind sowohl von Gibsons starker Performance als auch von der klaren Inszenierung Zeffirellis angetan.
Auf die Tränendrüse drückte Mr. Gibson dann gemeinsam mit Regisseur Steve Miner und Co-Star Jamie Lee Curtis mit FOREVER YOUNG. Elijah Wood (Frodo aus HERR DER RINGE) weckt als kleiner Junge den tiefgefrorenen Gibson aus seinem 50 Jahren währenden Eisschlaf. Daraufhin verliebt sich Gibson in dessen Mom (Curtis) und das Liebesdrama nimmt seinen Lauf. Ganz neues Terrain betrat Mel Gibson mit DER MANN OHNE GESICHT, denn bei diesem Drama führte er erstmals selbst Regie. Er spielte aber auch die Rolle des Mannes, der auf Grund eines Unfalls entstellt ist und erst durch die Freundschaft zu einem kleinen Jungen wieder Mut fasst.
Mel Gibson zeigt immer neue Talente: Nicht nur als Regisseur gab er einen ansehnlichen Einstand, er gründete auch die Produktionsfirma *Icon* und schloss sofort einen 42 Millionen-Dollar-Deal mit Warner über vier Filme. Gleich das erste Projekt war ein Erfolg: MAVERICK, die Wildwest-Geschichte um einen Pokerspieler und Revolverhelden (den man schon als Titelfigur der gleichnamigen Serie aus den sechziger Jahren kennt) wurde von Richard Donner (LETHAL WEAPON) inszeniert und war ein Publikumshit. Die gelungenen Kostüme wurden sogar für einen Oscar nominiert.
Noch mehr Aufsehen erregte allerdings die nächste Icon-Produktion: Randall Wallace, der später auch WIR WAREN HELDEN schrieb und inszenierte, schickte Gibson und Partner ein Skript über den schottischen Helden William Wallace, der einst gegen Edward I. in den Krieg gezogen war und fast gewonnen hätte. Gibson, eh ein Fan großer Epen á la SPARTACUS, war von der Geschichte begeistert.
Ohne Erfahrung im Inszenieren von Filmen dieser Dimension zu haben, machte sich Mel an die Arbeit und lieferte mit BRAVEHEART sein Meisterstück ab - nicht nur vor, sondern auch hinter der Kamera. Selbst die Academy, die bei der Auszeichnung von großen Abenteuer- bzw. Actionfilmen eher Zurückhaltung übt, war von Gibsons Schlachtenepos überwältigt und verlieh ihm den Oscar für den besten Film und die beste Regie! Insgesamt war BRAVEHEART in zehn Kategorien nominiert und ging in immerhin fünf davon als Gewinner von der Bühne.
Mel Gibsons Hitserie riss nicht ab und wer weiß - wenn er die Rolle des Steed in MIT SCHIRM, CHARME UND MELONE nicht abgelehnt hätte, wäre vielleicht auch daraus ein Erfolg geworden. Stattdessen sah man ihn in KOPFGELD als Millionär, der versucht, seine Sohn aus den Händen von Kidnappern

zu befreien, in FLETCHERS VISIONEN als Taxifahrer, der in einer CIA-Verschwörung verwickelt wird sowie in LETHAL WEAPON 4, wo er erneut in die Rolle des Detective Sergeant Martin Riggs schlüpfte, um diesmal gegen Jet Li anzutreten.

Danach wurde er in Brian Helgelands PAYBACK - ZAHLTAG so richtig ungemütlich: Er hatte auch allen Grund dazu, denn zum einen mimte er einen Typen, der von Frau und Freund hintergangen und sogar niedergeschossen wird, zum anderen hatte er während der Dreharbeiten eine Blinddarmentzündung, weswegen die Produktion für eine Woche unterbrochen und Gibson ins Krankenhaus gebracht werden musste. Bei dem Film gab es während der Produktion einige Reibereien zwischen Gibson und dem Regisseur. Beide zogen in unterschiedliche Richtungen, am Ende setzte sich Gibson jedoch durch, was massive Nachdrehs zur Folge hatte und den Film gänzlich anders werden ließ. Wie anders, das konnte man Jahre später sehen, als Brian Helgeland die Gelegenheit hatte, seine Version zu restaurieren und auf DVD zu veröffentlichen. Das Faszinierende daran: Beide Versionen sind sehr eigenständige, sehr gute Filme. Es ist persönlicher Geschmack, welche man vorzieht.

Nach diesem Actionkracher war Mel Gibson in dem künstlerischeren, aber ziemlich verworrenen Wim Wenders-Film THE MILLION DOLLAR HOTEL zu sehen. Wieder war Gibsons Firma Icon an der Produktion des Projekts beteiligt, die Idee zu dem Film hatte allerdings der Ire Bono, der mit seiner Band U2 für ein Musikvideo auf dem Dach des Hotels gespielt hatte. Für Gegacker sorgte Mels Einsatz in CHICKEN RUN, denn er lieh dem Zirkus-Hahn Rocky Rhodes, der in einer Hühnerfarm landet, seine Stimme. Bereits in Disneys POCAHONTAS war Gibson zu hören gewesen - als John Smith hatte er sogar seine Singstimme unter Beweis gestellt.

Für Gesprächsstoff sorgte danach Roland Emmerichs THE PATRIOT. Zum einen gab Gibsons Gage von 25 Millionen Dollar - die er dann auch jeweils für WIR WAREN HELDEN und SIGNS verlangte und bekam - Anlass zu Diskussionen, denn so viel hatte bis dahin noch kein Schauspieler für einen Film bekommen. Zum anderen wurden historische Ungenauigkeiten des Films kritisiert. Emmerich ging es aber nicht so sehr um eine authentische Wiedergabe der Ereignisse während des Amerikanischen Unabhängigkeitskrieges, sondern er stellte die Geschichte des Ex-Soldaten und Farmers Benjamin Martin in den Vordergrund. Martin ist zunächst gegen den Krieg, doch als sein Sohn in Gefahr gerät, greift er zu den Waffen ...

Für durchweg positive Furore sorgte in der Folge Gibsons Auftritt in der Komödie WAS FRAUEN WOLLEN, der auch hierzulande ein echter Kassenschlager war. Alle wollten Mel als Frauenversteher erleben! Und er bietet wirklich einiges fürs Geld: Als Macho, der plötzlich die Gedanken der Frauen hören kann, ist er mal wieder voll in seinem Element und sprüht nur so vor Charme, Witz und Albernheit!

Die Erfolgswelle hielt an und bescherte SIGNS sowie WIR WAREN HELDEN. Bei SIGNS arbeitete Gibson mit Regis-

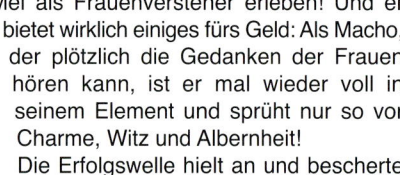

Als Hamlet überraschte Mel Gibson die Kritiker. Er lieferte eine sehr ansprechende Darstellung ab.

Auch mit BRAVEHEART (BRAVEHEART, 1995) brillierte Gibson - nicht nur in der Hauptrolle, sondern auch hinter der Kamera. Er erhielt einen Oscar als bester Regisseur, dazu gab es noch eine Auszeichnung für den besten Film.

Mel Gibson ist als MAVERICK auch mit dem Colt flink.

seur M. Night Shyamalan zusammen, der damals noch als absolutes Ausnahmetalent galt. Es ist auch der letzte gute Film des Regisseurs, in dem er von einer Alien-Invasion erzählt, dies aber über den Mikrokosmos einer kleinen Familie anstellt. Gibson spielt dabei Reverend Graham Hess, der nach dem Unfalltod seiner Frau seinen Glauben verloren hat. Etwas, das seinem Bruder Merrill Angst macht. Als die außerirdischen Besucher kommen, stellt sich für Graham so auch die Frage, ob er ohne seinen Glauben diese Krise überwinden kann. Und ob er seinen Glauben wiederfinden kann.

WIR WAREN HELDEN war hingegen ein wenig überzeugender Kriegsfilm, der eines der ersten großen Scharmützel des Vietnam-Kriegs zum Inhalt nimmt und darüber hinaus zeigt, wie der Krieg auf die Familien der Soldaten wirkt. Besonders peinlich ist der deutsche Titel, denn die Soldaten sind keine Helden. Genau darum geht es, und genau das sagt auch Gibsons Figur Lt. Col. Hal Moore: Sie sind Soldaten, keine Helden. Der Originaltitel lautet dementsprechend auch WE WERE SOLDIERS. Natürlich wird Mel Gibson auch weiterhin seine Kollegen mit seinen recht eigenartigen Scherzen am Set erfreuen. Legendär ist wohl die getrocknete Ratte, die er Julia Roberts während der Dreharbeiten zu FLETCHERS VISIONEN schickte. Sie ist aber nicht die einzige, die Opfer von Mels eigenwilligem Humor wurde. Lediglich Helen Hunt (WAS FRAUEN WOLLEN) soll er, nachdem sie ihn in einem flehentlichen Brief darum gebeten hatte, in Ruhe gelassen haben.

Bei seinem alten Kumpel Robert Downey Jr. (ALLY MCBEAL) wird er sicherlich keine Gnade gekannt haben. Als Produzent von THE SINGING DETECTIVE hat Gibson dafür gesorgt, dass Downey neben ihm eine Hauptrolle erhielt, um dem von Drogenproblemen gebeutelten Freund wieder auf die Beine zu helfen. Das gelang ihm hervorragend, denn das Musical, das auf einer englischen Miniserie beruhe, wurde gut aufgenommen. Allen voran wurden Downey in der Titelrolle, Gibson als Psychiater und Kathy Bates gelobt.

Nach diesem Film produzierte Gibson PAPARAZZI, in dem die Fotogeier so negativ wie möglich dargestellt werden. Gibson absolvierte hier einen kurzen Cameo-Auftritt. Sieht man dann noch von den drei Episoden der von ihm produzierten Serie COMPLETE SAVAGES in den Jahren 2004 und 2005 ab, dann hängte Gibson nach THE SINGING DETECTIVE die Schauspielerei erst mal an den Nagel. Erst 2010 übernahm er wieder eine Hauptrolle. Erst 2010 übernahm er wieder eine Hauptrolle. Stattdessen pflegte er seine Karriere als Regisseur und verfolgte ein Lieblingsprojekt, das für ihn echte Passion ist: DIE PASSION CHRISTI. Mit seiner Verfilmung der letzten Stunden im Leben von Jesus Christus betrat er Neuland. Denn er hatte es sich in den Kopf gesetzt, dass der Film in lateinischer und aramäischer Sprache gedreht werden sollte. Dazu kam seine Forderung, dass es keine Untertitel geben dürfe. Die Geschichte war stark genug, um mit ihren Bildern zu überzeugen. Studios konnte Gibson damit jedoch nicht überzeugen, da die einen riesigen Flop witterten und sich weigerten, das Werk zu produzieren. Darum entschied sich Gibson schließlich, das Risiko selbst zu tragen.

Mit einem Budget von 30 Millionen Dollar machte er sich daran, seine Vision Wirklichkeit werden zu lassen. In Italien inszenierte er die Leidensgeschichte von Jesus Christus. In seinem dritten Film als Regisseur widmet sich Gibson den letzten zwölf Stunden im Leben von Christus. Schon zehn Jahre beschäftigte sich Gibson mit dem Projekt. Für die Hauptrolle holte er Jim Caviezel, der damit seinen internationalen Durchbruch schaffte. Im Gegensatz zu anderen Verfilmungen der Geschichte wird Jesus nicht als schöner, blonder Mann dargestellt, sondern als gequältes Opfer mit blutenden und klaffenden Wunden. Dabei schonte Gibson weder sich, noch seinen Star noch den Zuschauer. Das Martyrium, das er Jesus durchleiden lässt, wird mit einer Konsequenz gezeigt, die weniger hartgesottene Zuschauer dazu brachte, das Kino zu verlassen. Darum gab es später auch eine neue Schnittfassung, die ein paar der exzessiveren Gewaltszenen entfernte, so dass der Film auch einem jungen Publikum gezeigt werden kann.

Das Faszinierendste an dem Film ist jedoch der immense Erfolg, den er hatte. Alleine in den USA spielte DIE PASSION CHRISTI mehr als 370 Millionen Dollar ein. Im Rest der Welt kamen weitere 240 Millionen Dollar hinzu. Der Film wurde so zu einem der größten Erfolge der Filmgeschichte und bescherte

AUSZEICHNUNGEN
von MEL GIBSSON

Jahr	Titel
1979	AFI Award als bester Darsteller für TIM
1981	AFI Award als bester Darsteller für GALLIPOLI
1991	People's Choice Award als liebster Filmstar
1993	ShoWest Award als Star des Jahres
1993	MTV Movie Award für das beste On-Screen Duo (zusammen mit Danny Glover)
1995	Oscar für BRAVEHEART für den besten Film
1995	Oscar für BRAVEHEART als bester Regisseur
1995	American Cinematheque Award
1995	NBR Award „Special Achievement in Filmmaking" für BRAVEHEART
1996	ShoWest Award als Regisseur des Jahres
1996	Golden Globe als bester Regisseur für BRAVEHEART
1996	Critics Choice Award als bester Regisseur für BRAVEHEART
1997	People's Choice Award als liebster Filmstar
1997	Blockbuster Entertainment Award als bester Darsteller im Bereich Suspense für KOPFGELD
1997	Hasty Pudding Theatricals als Mann des Jahres
1998	Blockbuster Entertainment Award als bester Darsteller im Bereich Suspense für FLETCHERS VISIONEN
2001	People's Choice Award als liebster Filmstar
2001	People's Choice Award als liebster Filmstar in einem Drama
2001	Blockbuster Entertainment Award als bester Darsteller im Bereich Drama für DER PATRIOT
2002	Global Achievement Award des Australian Film Institute
2003	People's Choice Award als liebster Filmstar
2004	People's Choice Award als liebster Filmstar
2004	Grand Prix des Golden Knight Film Festival für DIE PASSION CHRISTI
2004	Hollywood Film Award als Produzent des Jahres
2005	Golden Satellite Award als bester Regisseur für DIE PASSION CHRISTI
2008	Irish Film and Television Award für seine herausragenden Leistungen im Filmbereich

Nachdem er als William Wallace schon gegen die Engländer gekämpft hatte, tat Gibson das als Benjamin Martin in DER PATRIOT (THE PATRIOT, 2000) erneut. Regie bei diesem Epos führte Roland Emmerich.

Auch ein schöner Mann muss zusehen, dass er weiterhin schön bleibt (WAS FRAUEN WOLLEN). Bei Mel Gibson muss man sich da aber keine größeren Sorgen machen.

Mel einen Geldregen ungeahnten Ausmaßes. Zwar musste sich Gibson mit diesem Film auch erstmals Vorwürfe fallen lassen, er sei ein Antisemit, da der Film die Juden verunglimpfe, aber dem Erfolg tat dies keinen Abbruch. Es ging aber auch um Gibsons eigene Religion, nämlich die traditionalistischen Katholiken, die recht strikt in der Auslegung der Heiligen Schrift ist.

Zwei Jahre später präsentierte Gibson seine bis dato letzte Regiearbeit: APOCALYPTO. Auch hier ging er Risiken ein, denn der Film, der vom Untergang der Mayas erzählt, wurde in der Sprache des Volkes gedreht. Immerhin gab es hier Untertitel, aber dennoch verlässt sich Gibson auch bei APOCALYPTO ganz besonders auf die Strahlkraft seiner Bilder. Den Erfolg des Vorgängers konnte dieser Film nicht mal ansatzweise toppen, einem Budget von 40 Millionen Dollar steht jedoch ein weltweites Einspiel von mehr als 120 Millionen Dollar gegenüber.

2006 begannen Gibsons Probleme jedoch so richtig. Schon zuvor hatte er wegen Bemerkungen in Interviews, die rassistisch oder homophob ausgelegt werden konnten, immer mal wieder für Aufsehen gesorgt. Er wurde wegen Fahrens unter Alkoholeinfluss festgenommen. Gegenüber dem Polizisten James Mee ließ Gibson antisemitische Sprüche ab und erklärte, dass die Juden an allen Kriegen dieser Welt schuld seien. Als dies öffentlich wurde, musste sich Gibson mehrmals entschuldigen und schob es sowohl auf den Alkohol als auch auf einen Moment geistiger Verwirrung. Probleme mit dem Alkohol hatte Gibson schon immer gehabt. Zu trinken begann er im zarten Alter von 13 Jahren.

Obwohl er als ein Schauspieler gilt, der extrem professionell und pünktlich ist, war er auch bei einigen seiner Filme immer angetrunken. Regisseur Richard Donner war beim Dreh des zweiten LETHAL WEAPON-Films sehr überrascht, als er hörte, dass sein Star schon zum Frühstück mehrere Biere trank.

In die Schlagzeilen geriet Mel Gibson auch wieder 2010. Im Jahr zuvor hatte die Öffentlichkeit seine neue Freundin, die russische Pianistin Oksana Grigorieva, kennengelernt. Das Paar freute sich Ende Oktober auch über die Geburt der gemeinsamen Tochter Lucia. Im April 2010 erfuhr man dann jedoch, dass beide sich getrennt hatten. Schon bald gab es heftige Streitigkeiten zwischen beiden, wobei Grigorieva nicht länger wollte, dass Gibson Umgang mit seiner Tochter hatte. Im Juni 2010 wurde ein Tonbandmitschnitt öffentlich, in dem Gibson seine Freundin aufs Übelste beschimpft und sowohl rassistische als auch sexistische Bemerkungen machte. Grigorieva erklärte auch, dass Gibson ihr gegenüber handgreiflich geworden sei. Etwas, das Gibsons Ex-Frau Robyn auf den Plan rief. Sie gab eidesstattlich an, dass sie in ihrer gesamten Ehe niemals von ihrem Mann angegriffen oder misshandelt worden sei. Zu-

**Mel Gibson über seine Figur in
MAD MAX - JENSEITS DER DONNERKUPPEL:**

„Seine Familie ist etwas aus einer anderen Ära, einer anderen Welt geworden. Etwas, das ihn plagt. Und doch kann er sich nicht überwinden, Blaster zu töten. Das würde sein Gewissen belasten. Er würde sich schämen. Oder vielleicht würde Max Blaster auch töten, aber etwas lässt ihn innehalten. Etwas, das er selbst gar nicht versteht, das er hasst. Es ist seine Schwäche. Oder besser: Er hält dies für seine Schwäche. Aber tatsächlich ist dieses Mitleid das einzige, was ihn vom Rest des Abschaums unterscheidet."

dem äußerten Forensiker ernste Bedenken, was die Authentizität der Aufnahme anging. Während Gibson sich dort die Seele aus dem Leib schreit, bleibt Grigorieva erstaunlich ruhig. Es hat den Anschein, als seien ihre Teile des Gesprächs später aufgenommen worden.

Die Affäre hatte für Gibson auch ein karrieristisches Nachspiel. Sein Film AUFTRAG RACHE, der auf einer britischen Fernsehserie basiert und von Martin Campbell inszeniert wurde, hatte Anfang 2010 Kinopremiere. Und obwohl das Publikum schon lange auf den Schauspieler Gibson hatte verzichten müssen, kam es nicht in Scharen. Die Geschichte eines Polizisten, dessen Tochter ermordet wird und der darum nach dem Täter sucht, wobei er eine groß angelegte Verschwörung aufdeckt, spielte weltweit nur 80 Millionen Dollar ein. Ein verheerendes Ergebnis angesichts eines ebenso hohen Budgets.

Danach sollte Gibson in HANGOVER 2, ein Sequel der erfolgreichen Komödie, die kleine Gastrolle eines Tätowierers spielen. Doch kaum nachdem man ihn für den Part angekündigt hatte, wurde auch schon bekannt gegeben, dass er doch nicht in dem Film mitwirken würde. Der Grund hierfür war, dass einer der Hauptdarsteller sich weigerte, mit ihm, einen mutmaßlichen Frauenschläger und Antisemiten, zu arbeiten. Es dauerte nicht lange und es stellte sich heraus, dass dieser Schauspieler Zach Galifianakis war, der offensichtlich keine moralischen Bedenken hatte, beim ersten Film mit Ex-Boxer Mike Tyson zu spielen, der wegen Vergewaltigung mehrere Jahre im Gefängnis saß und seine Ehefrau Robin Givens misshandelt haben soll.

Pikant wird das Ganze noch dadurch, dass Galifianakis nach HANGOVER mit Robert Downey Jr. in der Komödie STICHTAG spielte. Als die Promotion für diesen Film startete, kam heraus, dass Gibson wegen dem bärtigen

Komiker den HANGOVER 2-Gig verloren hatte. Etwas, das Robert Downey Jr. missfiel, denn er schuldet Gibson nicht nur etwas, weil dieser ihm eine Chance gab, als niemand mehr an ihn glaubte, sondern er ist auch ein enger persönlicher Freund des Schauspielers. Bei einem Interview enthüllte Downey etwas, das bis dato noch nicht publiziert werden sollte: Dass Galifianakis im neuen MUPPETS-Film dabei ist. Damit stellte er seinen Kollegen bloß - eine kleine Rache für seinen Kumpel Mel.

Eine andere Freundin ließ Gibson auch nicht fallen: Jodie Foster. Beide sind seit ihrer Arbeit an MAVERICK befreundet und sie holte ihn für ihren Film DER BIEBER, den sie auch selbst inszeniert hat. Gibson spielt hier Walter Black, einen Ehe- und Geschäftsmann, der in einer Krise steckt und fortan nur noch durch eine Handpuppe in Form eines Biebers mit seiner Umwelt kommuniziert.

Abgedreht ist auch das Action-Drama HOW I SPENT MY SUMMER VACATION, für das Gibson mit einem Co-Autor das Drehbuch geschrieben hat. In dem Film geht es um einen Berufskriminellen, der von den mexikanischen Behörden verhaftet und in ein hiesiges Gefängnis gesteckt wird, in dem er ums Überleben kämpfen muss - und dabei auf die Hilfe eines neunjährigen Jungen angewiesen ist.

Im Verlauf der letzten Jahre waren einige andere Filme angedacht. So plante Gibson eine Verfilmung des Buches „The Professor and the Madman", das sich mit der Entwicklung des „Oxford English Dicitionary" beschäftigt. Im Gespräch war auch ein Film über den spanischen Forscher Vasco Nunez de Balbo, doch die diesbezüglichen Gerüchte, die 2007 auftraten, dementierte Gibson. Stattdessen stand über mehrere Jahre hinweg der Film SAM AND GEORGE auf der Agenda, wobei Gibson hier mit Richard Donner zusammenarbeiten wollte, aber der Regisseur erklärte Anfang 2009, dass das Projekt nach mehrjähriger Entwicklungsphase gestorben sei. Donner und Gibson wollen aber noch einmal zusammenarbeiten, ersterer gerne bei einem weiteren LETHAL WEAPON-Film, für den Shane Black, Autor des Originals, ein Skript geschrieben hatte. Aber Gibson ziert sich, die Rolle des Martin Riggs noch einmal zu spielen. Dafür hegt Gibson ein Interesse daran, einen Film über Wikinger zu inszenieren, wobei er hier ähnlich seinen beiden vorhergegangenen Filmen Authentizität durch die für die Zeit und die Menschen passende Sprache erzeugen will. Ein Wunschkandidat für eine der Hauptrollen ist Leonardo DiCaprio. Weit näher an der Verwirklichung dran ist jedoch der auf einem Roman basierende THE DROWNER, in dem ein junger Ingenieur auf eine atemberaubende Schauspielerin trifft. Dies soll aber keine normale Liebesgeschichte werden, sondern sich in der Essenz vielmehr mit dem Unterschied zwischen Mann und Frau beschäftigen. Unter der Regie von Shane Black wird Gibson in COLD WARRIOR einen alten Agenten spielen, der seine beste Zeit während des Kalten Kriegs hatte, nun jedoch reaktiviert wird, um zusammen mit einem Kollegen Terroristen aufzuspüren, die unter russischer Kontrolle stehen. Als Produzent kümmert sich Gibson außerdem um ELIZA GRAVES, der lose auf einer Kurzgeschichte von Edgar Allan Poe basiert. Es geht um einen in Harvard ausgebildeten Mediziner, der einen Job in einer Anstalt für Geisteskranke annimmt, aber nicht bemerkt, dass die Insassen die Leitung des Ladens übernommen haben 2013 wird Gibson dann als Schurke in Robert Rodriguez' MACHETE KILLS zu sehen sein..

Seit Jahren engagiert sich Mel Gibson auch für wohltätige Zwecke. Zusammen mit seiner ersten Frau hat er millionenschwere Spenden an die Organisation Healing the Children überreicht, die todkranke Kinder in der ganzen Welt behandelt. Gibson hat über die Jahre hinweg auch viele „kleinere" Projekte unterstützt, die sich sowohl für Menschen als auch die Umwelt einsetzen. So spendete er an Organisationen in Südamerika, die sich mit der Erhaltung des Regenwalds befassen, aber auch versuchen, der dortigen Bevölkerung zu helfen. In Singapur überreichte Gibson einer lokalen Organisation eine Spende, damit diese ihre Arbeit für chronisch- und todkranke Kinder weiterführen konnte.

Mel Gibson ist nun 56 Jahre alt. Für die Rolle des Action-Helden fühlt er sich mittlerweile zu alt. Und so antwortete er im Jahr 2007 einem Reporter, als dieser ihn darauf ansprach, ob man ihn bald mal wieder in einer actionreicheren Rolle sehen könnte: „Ich schätze, dafür bin ich schon zu alt, aber man weiß es nie. Ich mag es, Geschichten zu erzählen. Als Entertainment ist Action durchaus in Ordnung und möglicherweise werde ich noch mal eine solche Rolle spielen, bevor es nicht mehr geht. Einfach etwas machen, das die Leute mögen und weswegen sie nicht sauer auf mich sind."

Ob als Action-Held oder auch Charakterdarsteller und Regisseur, einiges wird man in den kommenden Jahren von Mel Gibson noch sehen. Was sein Privatleben angeht, so kann sicherlich ein jeder seine eigene Meinung haben, aber eines ist unbestritten: Mel Gibson ist einer der größten Stars der letzten 30 Jahre, ein großartiger und wandlungsfähiger Schauspieler, ein phantastischer Regisseur mit großen Visionen und ein Mann, der trotz all seiner Fehler versucht, der Welt etwas zurückzugeben.

Jodie Foster engagierte ihren Freund Mel für DER BIBER (THE BEAVER, 2011), einen ungewöhnlichen, aber großartigen Film, der nicht so gut lief, wie er es verdient gehabt hätte.

Mel Gibson über Max als Jesus-Figur:

„Im dritten Teil fiel mir Max' Ähnlichkeit zu Jesus selbst auf. Das erkannte ich erst, als ich mir ein paar Aufnahmen ansah. Es sieht fast so aus wie die 40 Tage in der Wüste. Das ist nicht schlecht."

„Mein Leben neigt sich dem Ende zu, die Bilder verblassen. Alles was noch bleibt sind Erinnerungen."

DIE FILME

„Sie führen mich zurück in jene Tage, als das Chaos regierte und die Träume keine Zukunft hatten, in diesem verwüsteten Land."

MAD MAX

INHALT

Australien in einer nicht sehr weit entfernten Zukunft: Chaos und Gewalt beherrschen das Land, sadistische Rockerbanden und machtlose, desillusionierte Cops liefern sich auf den endlosen Highways einen blutigen, brutalen Krieg. Der junge Cop Max Rockatansky hat genug vom sinnlosen Kampf und will seinen Job an den Nagel hängen. Dafür hat er sich jedoch zu spät entschieden. Denn sein Freund und Kollege Goose und er haben den berühmtberüchtigten Nightrider zur Strecke gebracht. Und dessen Freunde gieren nun nach Vergeltung. Die Outlaws um den psychopathischen Gang-Leader Toecutter bringen Max' Frau und Kind um. Seines einzigen Lebensinhaltes beraubt, hat Max jetzt nur noch ein Ziel vor Augen: Erbarmungslos Rache zu nehmen.

Der Interceptor ist der Standardwagen der Polizeikräfte.

RANDNOTIZ
MEL & STEVE UND DAS GESETZ

Mel Gibson und Steve Bisley wären während der Zeit der Dreharbeiten beinahe verhaftet worden. Sie waren mit dem umgebauten Interceptor unterwegs und hatten ihre Lederkluft an, inklusive der Waffen. Dabei wurden sie von einem Polizisten angehalten, der die Waffen für echt hielt. Die Situation geriet brenzlig, aber mit entsprechenden Dokumenten konnten die beiden Schauspieler beweisen, dass sie tatsächlich einen Film drehten.

MAD MAX wurde der Film, der das australische Kino veränderte. Bis dahin befand sich der australische Film im selben Kunstkino-Ghetto, das es auch in Europa zuhauf gab, doch mit dem Erfolg des futuristischen Action-Films erwachte das, was später als Ozploitation bezeichnet werden sollte - Unterhaltungskino der deftigeren Art, Made in Australia!

Dabei kam der Film auf einigermaßen ungewöhnliche Art und Weise zustande. George Miller, 1945 geboren, war seit jeher ein großer Fan des Kinos. Sein Traum war es, selbst einen Film zu machen, doch gerade die Art Filme, die in Australien entstanden, gefielen ihm gar nicht. Darum verfolgte er sein Studium der Medizin weiter, auch wenn er mit Freunden, darunter MAD MAX-Produzent Byron Kennedy, immer wieder Kurzfilme drehte, mit denen er sich langsam darauf vorbereitete, einen eigenen Langfilm zu stemmen.

Drei Jahre wurde am Drehbuch gearbeitet. Die erste Inspiration dafür fand Miller bei seiner Arbeit. Er war in einer Notaufnahme tätig und musste sehr häufig die Opfer von Verkehrsunfällen zusammenflicken. Einem Interviewer erklärte er auch einmal, welch immense Bedeutung das Auto für den Australier hat. Aufgrund der endlosen Weiten ist das Auto nicht nur ein Zeichen von Freiheit, sondern wurde von Miller auch mit einer Waffe verglichen. Hinter dem Steuer leben die Australier ihre Aggressionen aus. Dessen war sich Miller angesichts der körperlichen Schäden, die er Tag für Tag sehen musste, mehr als klar.

Zudem schwebte ihm ein Actionfilm vor, nicht unähnlich einem Western. Ohnehin war Miller der Meinung, dass fast jedes Land einen Archetyp an Film hat, der sich auf die Muster eines Westerns reduzieren lässt. So wie die Japaner ihre Samurai-Filme und die Skandinavier ihre Wikinger-Filme haben, so sollte der Australier nun seinen Autofilm bekommen.

Mel Gibson als junger Max Rockatansky, der noch nicht ahnt, dass das Leben, wie er es kennt, bald vorbei sein wird.

29

Nein, der Polizist schießt nicht. Er benutzt das Zielfernrohr nur zum Spannen. Nur Sekunden später ist es mit dem Spaß jedoch vorbei, denn es geht an die Verfolgung des Nightriders, die einige Opfer fordern wird.

ENTFALLENE SZENEN

Es gibt einige Szenen, die aus dem fertigen Film entfernt wurden. Die meisten wurden schon vor der Premiere gekürzt, bei einigen heißt es jedoch, dass sie in den frühen 80er Jahren auf VHS oder im Fernsehen zu sehen gewesen sein sollen. Das wäre so ungewöhnlich nicht, da man besonders in den USA bei Filmen, die wegen Gewaltszenen gekürzt wurden, anderes Material hineinschnitt, um der originalen Lauflänge nahezukommen. Diese Szenen sind bekannt:

JESSIE RASIERT MAX
Am Tag nach der Verfolgungsjagd mit dem Nightrider ist Max zuhause und wird von Jessie rasiert. Es gibt einen Moment der Ruhe und des Friedens für die beiden.

WETTRENNEN VON GOOSE UND MAX
Max und Goose wollen sich ein Rennen liefern. Doch um das Ganze etwas spannender zu gestalten, nimmt Max das Motorrad und Goose den Wagen.

MAX BEWAFFNET SICH
In einer kurzen Szene sieht man, wie Max von einer Pumpgun den Lauf absägt. Angeblich gab es diese Szene in einigen VHS-Kassetten der frühen 80er Jahre zu sehen. Entfernt wurde sie sehr wahrscheinlich, weil Max später keine Pumpgun benutzt, sondern eine Schrottflinte mit zwei Läufen.

Bereit für ein Wettrennen: Max und Goose.

DIE BIKER KEHREN ZUM MFP-HAUPTQUARTIER ZURÜCK
Toecutter und seine Gang überfallen das Hauptquartier der Main Force Patrol und verletzen oder töten einige Polizisten.

DER MOTOR MELDET SICH
Max fährt zum ersten Mal den Interceptor und verfolgt einige Biker. Als er ihnen näher kommt, beginnt der Motor seines Wagens zu stottern und droht auszufallen.

MAX VERSORGT SEINE WUNDEN
Nachdem Max in das Knie geschossen wurde, merkt er in derselben Nacht, dass er die Wunde behandeln muss, da sie schon die Fliegen anzieht. Er humpelt zu einem Flussufer und kümmert sich um die Verletzung.

TOECUTTER UND DIE STADT
Als Toecutter und seine Gang in der Stadt darauf warten, den Leichnam des Nightriders abzuholen, wandern sie etwas herum und treffen ein paar Einheimische. Toecutter spricht mit einem Mann über seine Maschine. Der Mann ist nervös. Und Toecutter erweckt den Anschein, dass er ihm gar nicht zuhört.

Max mit seiner abgesägten Schrottflinte. Der junge Polizist sinnt auf Rache.

Da Byron Kennedy es sich nicht zutraute, am Drehbuch mitzuarbeiten, Miller aber wiederum auch Zweifel hatte, dass er dies auf Anhieb würde meistern können, sahen sie sich nach einem weiteren Wegbegleiter um und fanden diesen in dem Journalisten James McCausland. Für McCausland war MAD MAX der erste und einzige Film seiner Karriere. Als Miller ihn kennen lernte, war er Wirtschaftsjournalist, aber bei einer Party unterhielten sie sich über Filme und der Regisseur erkannte, dass McCausland Ahnung davon hatte, warum bestimmte Filme funktionierten. Der Filmfan McCausland war auch interessiert, an dem Projekt mitzumachen. Trotz des späteren Erfolgs von MAD MAX entschied er sich dann jedoch, seiner angestammten Profession treu zu bleiben. Eine Entscheidung, die durchaus die richtige gewesen sein könnte, da McCausland in seinem gewählten Fach zu Anerkennung und Erfolg kam.

Die Geschichte sollte in der nahen Zukunft spielen. In der Welt des ersten MAD MAX ist die Zivilisation schon angeschlagen, aber noch nicht ganz zusammengebrochen. McCausland brachte die Idee ein, Öl zum entscheidenden Faktor zu machen. Die Ölkrise 1974 hatte ihn dazu inspiriert und Miller brauchte einen Ansatz, um seine Vision eines futuristischen Actionfilms machen zu können. Bei der Entwicklung des Drehbuchs, die nur drei bis vier Wochen gedauert haben soll, arbeiteten beide Männer eng zusammen, wobei der Regisseur darauf achtete, dass der Film nicht zu teuer wurde. Drehs in Sets oder in Städten mussten weitgehend vermieden werden, da die Produktion nur über überschaubare Mittel verfügte. Genauer: über 400.000 australische Dollar. Das war das Budget, das veranschlagt worden war. Erstaunlich wenig

RANDNOTIZ

DER V8 INTERCEPTOR

Bemerkenswert ist der Wagen, den Max Rockatansky fährt. Im Film ist es ein V8 Interceptor, einer der letzten seiner Art. In Wahrheit ist es ein 1973er XB GT Ford Falcon Coupe, ein Modell, das es nur in Australien gab. Murray Smith fiel die Aufgabe zu, aus dem Ford den Interceptor zu machen. Zusammen mit Peter Arcadipane, Ray Beckerley und anderen modifizierte er den Wagen, was vor allem für den Spoiler und die Motorhaube gilt, die serienmäßig so nicht aussahen. Es gab noch eine Reihe kleiner Modifikationen. Durchgeführt wurden diese nur an einem Wagen. Mehr stand der Produktion nicht zur Verfügung. Es gab immer Gerüchte, dass mehr als ein Wagen für den Film eingesetzt wurden, aber diese sind nicht korrekt. Sie kamen wohl dadurch zustande, dass etwa das Planet Hollywood in Sydney einen V8 Interceptor hatte und man behauptete, dies sei ein Ersatzwagen, der für die Produktion von MAD MAX erschaffen, aber nicht eingesetzt worden war. Bei diesem wie auch anderen Modellen handelt es sich jedoch nur um Repliken.

Ein Sinnbild für die Zerstörungswut, die in MAD MAX spürbar ist. Nach Millers Meinung waren Autos für Australier nicht nur Fortbewegungsmittel, sondern auch Waffen. Diese Auffassung wollte er in MAD MAX integrieren.

RANDNOTIZ

ENDZEIT-BOLIDEN

In MAD MAX werden eine Reihe unterschiedlicher Fahrzeuge eingesetzt. Die gelben Polizeiautos, mit dem der Nightrider verfolgt werden, sind ein 1974er Ford Falcon XB Sedan und ein Ford Falcon XA Sedan. Der Nightrider wiederum fährt einen 1972er Holden HQ Monaro. Zum Einsatz im Film kommt außerdem eine 1977er Kawasaki KZ-1000, die von Goose gefahren wird. Später fährt Goose mit seinem Gipsarm eine Kawasaki KH250. Fifi fährt einen Buick Riviera, der zwischen 1974 und 1976 produziert wurde.

Auf der Straße fährt überall der Tod mit. Einer der Outlaws überlebt seine Frontalbegegnung mit einem Lastwagen nicht.

Geld für einen ambitionierten Film mit allerhand Action- und Stuntsequenzen.
Die Finanzierung des Films sollte unabhängig stattfinden. Sie musste unabhängig stattfinden, da mit einem Stoff wie MAD MAX wohl ohnehin kaum ein australischer Filmproduzent hätte gewonnen werden können.
Miller und Kennedy leisteten drei Monate lang Sonderschichten, um so viel Geld wie möglich zusammenzusparen. Das reichte natürlich nicht, so dass im Verlauf des Jahres 1977 eine ganze Reihe von Finanziers sucht wurden, die mit unterschiedlich hohen Einlagen die Produktion ermöglichten und dafür eine prozentuale Beteiligung am Gewinn erhielten. Angesichts des späteren Erfolgs eine geradezu weise Entscheidung eines jeden Teilhabers.

Ein Problem war der Verleih des Films. Ihn zu produzieren, war eine Sache, ihn auf den Markt zu bringen, eine gänzlich andere. Miller und Kennedy klapperten zahlreiche Firmen ab, aber die meisten winkten ab. So auch Road-show, wo man zuerst nicht glauben wollte, dass Miller seine ambitionierte Vision mit dem vorgesehenen Budget würde realisieren können. Es brauchte einen gemeinsamen Freund und einige Überredungskunst, um Roadshow dazu zu bringen, den Film verleihen zu wollen.
Doch zuerst musste er gedreht werden. Und dafür brauchte man Schauspieler. Auf teure Mimen konnte man nicht zurückgreifen. Aber das wollte Miller auch nicht. Er wollte junge unbefleckte Schauspieler, die das Publikum in ihren Rollen als absolut überzeugend an-

sehen würden. Nur einen Mann verpflichtete er, den das australische Publikum aus zahlreichen Film- und Fernsehauftritten kannte: Roger Ward. Er sollte den Polizisten Fifi Macaffee spielen. Ihn wollte Miller jedoch nicht, weil er ein bekanntes Gesicht war, sondern weil er sein Können als Schauspieler schätzte. Da er seinem eigenen Konzept der neuen Gesichter treu bleiben wollte, drängte er Ward, sich für die Rolle eine Glatze zu schneiden, was zu einem ganz eigenen, sehr harten Aussehen führte - perfekt für die Rolle. Was die übrigen Rollen betraf, so gewann Miller die Casting-Agentin Mitch Matthews für den Film. Diese ließ ihre Verbindungen zur NIDA, dem National Institute of Dramatic Art, spielen und hatte bald eine ganze Reihe von jungen hoffnungsvollen Schauspielern, die

sich um eine Rolle bemühten. Einer von diesen jungen Männern war Mel Gibson, der später eine Legende rund um dieses Vorsprechen erfand, die von Journalisten freudig aufgenommen wurde. Gibson erzählte, dass er in der Nacht vor dem Vorsprechen noch einen drauf gemacht und in eine Bar-Schlägerei verwickelt worden war. Er hatte einige Prellungen, ein blaues Auge und eine eingeschlagene Nase, als er zum Vorsprechen kam. Genau dieser Look, so Gibson, hatte Matthews überzeugt und ihn zu ihrem und Millers Favoriten gemacht.

Solche Geschichten existieren eigentlich immer, wenn es um die Starrolle in einem Film geht, mit dem ein Schauspieler den Durchbruch erlebte. Insofern ist es nicht überraschend, dass Gibson hier etwas Spannendes erzählen wollte. Matthews erklärte in späteren Jahren jedoch, dass an der Ge-

Einer von Toecutters Lakaien hat ganz eigene Vorstellungen davon, wie man Spaß hat. Dazu braucht man allerdings auch eine Waffe…

schichte kein Fünkchen Wahrheit dran war. Gibson kam ganz normal zum Vorsprechen und zeigte auch keinerlei Blessuren. Was er jedoch zeigte, war unglaubliches Charisma und eine Ausstrahlung, die Matthews und Miller für ihn einnahm. Darum fand Matthews es auch nicht gar so smart, eine solche Geschichte zu ersinnen, da die Wahrheit Gibson letzten Endes viel mehr schmeichelte.

Gibson war übrigens nicht die erste Wahl für den Part des Max Rockatansky. Miller wollte eigentlich den irischstämmigen James Healy, der zu jener Zeit in Melbourne lebte. An sich war der junge Schauspieler verzweifelt genug, um jeden Job anzunehmen, doch als er das Skript von MAD MAX gelesen hatte, lehnte er ab. Der Grund hierfür war einfach: Max hat erstaunlich wenige Dialogzeilen. So konnte sich Healy nicht vorstellen, dass dieser Film viel für ihn tun würde, da er kaum zu

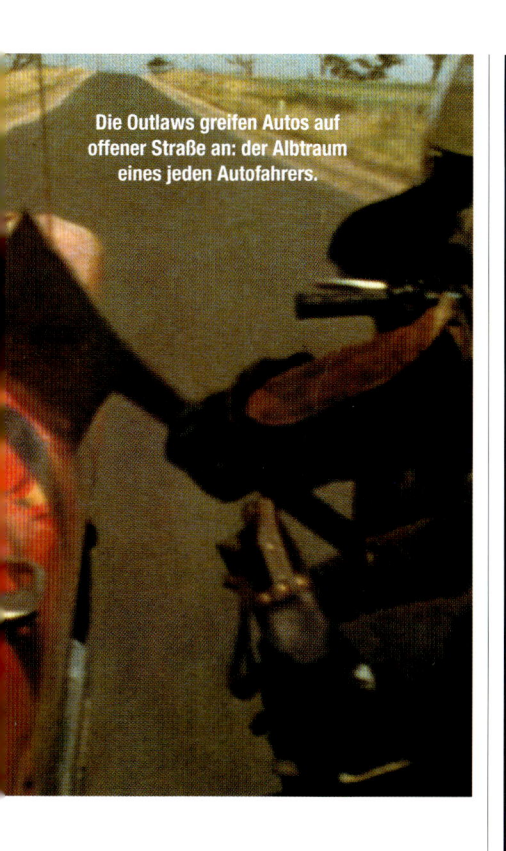

Die Outlaws greifen Autos auf offener Straße an: der Albtraum eines jeden Autofahrers.

PRODUZENT

BYRON KENNEDY

Der am 18. August 1949 in Melbourne geborene Byron Kennedy war zusammen mit George Miller die treibende Kraft hinter MAD MAX. Schon im Alter von 18 Jahren gründete er mit Warlok Films eine eigene Firma und verlegte sich darauf, eine Reihe von Amateur-Kurzfilmen zu produzieren. Nur drei Jahre später gewann er die Kodak Trophy für den Kurzfilm HOBSON'S BAY, eine Dokumentation über die Hafenstadt Williamstown.

Er besuchte schließlich die University of NSW und traf dort auf George Miller. Zusammen produzierten sie den Kurzfilm VIOLENCE IN CINEMA, nach dem sie ihre Firma „Kennedy Miller" gründeten. Die Arbeitsteilung war schnell gefunden, als es darum ging, MAD MAX zu produzieren. Kennedy war hier der Produzent, während Miller den Posten des Regisseurs bedeckte.

Letzten Endes war Kennedy aber weit mehr als das. Er machte für den Film auch Stunts, bediente die Kamera und nutzte alle ihm zur Verfügung stehenden Ressourcen, um den Film zu bereichern. Seinem Können als Beschaffer notwendiger Dinge ist es auch zu verdanken, dass der Film mit dem überschaubar geringen Budget gedreht werden konnte.

Das passt ja wohl nicht: Nach dem Erfolg von MAD MAX ging Miller für ein Jahr in die USA. Ihm folgte bald Kennedy nach, nachdem er sich auch in anderen Ländern umgesehen hatte. Ihr Ziel war es, ihr Können auszubauen. Als sie nach Australien zurückkehrten, waren sie bereit, mit der Arbeit an einem Sequel zu beginnen.

Auch beim zweiten Film war Kennedy ein wichtiger Aktivposten und als Produzent sehr hands-on, also überall beteiligt. Er machte für den Film sogar einen Pilotenschein für Helikopter und entdeckte darin eine seiner großen Leidenschaften. Diese Leidenschaft sollte ihm jedoch auch zum Verhängnis werden.

Am 17. Juli 1983 stürzte Kennedy mit seinem Helikopter in einen See und verstarb im Alter von nur 33 Jahren. George Miller zögerte, die MAD MAX-Saga ohne seinen Freund fortzusetzen, entschloss sich dann aber zum dritten Teil, den er Byron Kennedy widmete.

KENNEDY ÜBER

AUSTRALISCHE FILMKULTUR:

„Ich habe schon immer Filme wie die MAD MAX-Streifen vorgezogen. Die meisten anderen Australier sehen das anders. Die Tradition unserer Filmemacher ist eher europäisch, aber ich mochte immer amerikanische Filme. Solche wollte ich auch machen, während die meisten Filmemacher in Australien wohl lieber tschechische, polnische oder ungarische Filme sehen. Das ist ein Resultat der Kulturenmixtur Australiens."

DAS UNIVERSELLE VON FILMEN:

„Es gibt amerikanische Kritiker, die australische Filme wie MAD MAX gar nicht sehen wollen, weil sie das Filmland nicht als einen Außenposten Hollywoods sehen wollen. Aber das ist sehr kurzsichtig gedacht. Die ersten beiden MAD MAX-Filme überwinden kulturelle Grenzen und werden von Menschen überall auf der Welt gemocht. So sollte es sein. Ich halte es für einen Fehler, in Hinblick auf die Filmindustrie nationalistisch zu sein. Filme sollten nationale Grenzen überwinden und für jeden Menschen zugänglich sein."

---

hören sein würde. Miller bekniete den Schauspieler, es sich noch einmal zu überlegen, doch dieser blieb bei seiner Absage. Ein Fehler, wie sich wenig später erwies, auch wenn es Healy gelang, eine bescheidene Karriere als Schauspieler zum Laufen zu bringen und u.a. in der Serie DER DENVER-CLAN mitzuwirken.

Am selben Tag, an dem Gibson eine Probeaufnahme machte, wurde auch eine mit Judy Davis produziert. Sie erhielt die Rolle von Max' Frau jedoch nicht, da Miller den Eindruck hatte, dass sie eine zu starke Persönlichkeit war. Dieser Part ging an Rosie Bailey, die jedoch nach ein paar Tagen Dreharbeiten ersetzt werden musste, da sie sich ein Bein brach. Man verpflichtete schließlich Joanne Samuel.

Für den Part von Max' bestem Freund Goose heuerte man Steve Bisley an. Das passte, war Gibson doch auch im echten Leben mit Bisley befreundet. Die übrige Besetzung, darunter Hugh Keays-Byrne, war schnell zusammen. Die Bikerbande wiederum bestand nicht aus professionellen Schauspielern. Nein, es waren tatsächlich Biker, die oftmals in voller Montur und mit Filmwaffen zum Set fuhren. Da zu erwarten war, dass die Biker des öfteren von der Polizei angehalten würden, stellte Miller für sie eine „Du kommst aus dem Gefängnis frei"-Karte aus. Auf der stand, dass diese Jungs für den Film in dieser Montur herumliefen und alles seine Ordnung hat. Die Finanzierung stand auch, die Dreharbeiten konnten beginnen.

Gedreht wurde nahe Melbourne, in und um Sunburry und Clunes. Cast und Crew mussten selbst dafür sorgen, vor Ort zu gelangen, für die Übernachtung wurde ein großes Haus angemietet, das sich jedoch als deutlich zu klein erwies. Die Dreharbeiten begannen im November 1977. Mel Gibson stieß ein paar Tage nach Drehstart zur Produktion hinzu. Zu dem Zeitpunkt hatte sich das Chaos schon

35

breit gemacht und Miller bezweifelte, dass er mit den ursprünglich angesetzten zehn Wochen hinkommen würde. Denn schon nach wenigen Tagen hatte sich der Stunt-Coordinator bei einem Autounfall das Bein gebrochen. Bei diesem Unfall wurde auch Rosie Bailey verletzt und so musste in Windeseile neu besetzt werden. Der Unfall selbst ereignete sich übrigens nicht, als eine Stuntsequenz gedreht wurde. Nein, er fand auf dem Weg zum Drehort statt.

Miller hatte sozusagen Glück im Unglück, denn noch waren keine Szenen mit Bailey gedreht worden. Wäre das der Fall gewesen, hätte das die Produktion extrem nach hinten geworfen. Aber auch so war der Regisseur gezwungen, den Drehplan umzuwerfen. Dazu kam, dass die Crew unerfahren war und dass man an die Umsetzung der waghalsigen Stunts mit einer gewissen Naivität heranging. Die Schauspieler mussten kleinere Stunts auch selbst unter Dach und Fach bringen - nicht ganz ungefährlich, aber unumgänglich. So verletzte sich auch Sheila Florance, die in einer Szene mit einer Waffe herumlief, stolperte und sich das Knie brach. Später beendete sie ihre Rolle in dem Film mit einem Gips, der von der Hüfte bis zum Fuß reichte.

Es gab während der Dreharbeiten aber auch Amüsantes. Tim Burns, der Johnny Boy spielt, ging so sehr in seiner Rolle auf, dass er anfing, jeden auf dem Set zu nerven. Darum nutzte die Crew einmal die Gelegenheit vor ihm Ruhe zu haben. Dann nämlich, als gedreht wurde, wie Johnny an das Auto mit Handschellen gefesselt ist. Als die Crew schließlich Mittagspause machte, ließ man Burns einfach bei dem Auto zurück.

Miller blieb innerhalb seiner anvisierten Drehzeit, allerdings zeigte sich, dass die Produktion eines Films teurer war als angenommen. Denn das zusammengekratzte Budget wurde während der Dreharbeiten verbraucht, so dass für die Nachbearbeitung von MAD MAX kaum noch Gelder zur Verfügung standen. Darum dauerte es auch ein Jahr, bis der Film nach Ende der Dreharbeiten auch vollständig vorlag.

Miller und Kennedy mussten aus Kostengründen viele Jobs selbst übernehmen. Der Regisseur war nun auch der Cutter und gestaltete den Film, während Kennedy für die Tonmischung verantwortlich war. Beide arbeiteten vom Wohnzimmer aus, das ohnehin klein war, nun aber auch noch mit reichlich Filmequipment vollgestopft war.

Kurz vor der Premiere des Films im April 1979 wurde MAD MAX dann endlich fertiggestellt. Zeitgleich war es Roadshow gelungen, die amerikanischen Verleihrechte an dem Film an AIP zu verkaufen. Dort hatte man sich in den 60er und 70er Jahren mit B-Filmen, darunter auch einer ganzen Reihe Rocker-Filmen, eine goldene Nase verdient, doch als MAD MAX in den USA anlief, geschah dies ohne nennenswerte Werbeunterstützung, denn AIP hatte mit Filmways fusioniert und das Augenmerk der Firma war nun auf „höherwertigere" Filme gerichtet.

Dazu kam, dass der Film für den amerikanischen Markt neu synchronisiert wurde, da man in den USA meinte, der normale Kinogänger würde den australischen Akzent nicht verstehen. Für Miller und Co., vor allem aber für die Schauspieler, war dies ein Affront. Aus heutiger Sicht wird spekuliert, dass AIP den Film neu vertonte, da der australische Tonmix recht minderwertig war und bei der Auswertung in Drive-Ins, wo das Publikum den Ton des Films über kleine Lautsprecher hören musste, behindert hätte, da er kaum zu verstehen gewesen wäre. Da man den Soundmix schon einmal neu machte, musste man auch die Dialoge einsprechen und dafür standen AIP nur amerikanische Schauspieler zur Verfügung. Im Zuge des Neumixes ersetzte man aber auch australische Begrifflichkeiten

Die Gewalt ist allgegenwärtig. In der Welt von MAD MAX herrscht stets eine bedrohliche Stimmung, ein jeder Moment könnte der letzte sein – ob beim Autofahren oder weil marodierende Rockerbanden in die Stadt einfallen.

RANDNOTIZ

GEORGE MILLER ÜBER

DEN URSPRUNG VON MAD MAX:

„Australische Filme sind eher historische Dramen. Ein Film wie MAD MAX steht eher in der Tradition von Comics, Science Fiction, Exploitation, Horror und dergleichen mehr, aber mit einer australischen Note. In Australien haben wir eine Autokultur, nicht unähnlich der Waffenkultur in den USA. In diesem Land leben 40 Millionen Menschen - und das bei einer Größe, die der der USA gleichkommt. Wir sind also ziemlich gut auf dem Kontinent verteilt. Und es gibt ein Netzwerk an Straßen, die kaum benutzt werden und die auch nicht überwacht werden können. Auch darum haben wir eine proportional höhere Todesrate bei Autounfällen. Wir benutzen das Auto zur Erholung, aber auch als Ausdruck von Aggression. Und das ist der Kern von MAD MAX."

DIE DREHARBEITEN:

„Wir drehten zehn oder zwanzig Meilen außerhalb einer großen Stadt. Darum war es schwer, keine Bäume im Bild zu haben. Wir wollten einen flachen, trostlosen Landstrich und mussten nach Lücken am Horizont suchen, wo es keine Bäume gab. Deswegen konnten wir dann auch nur in eine Richtung drehen."

Mit dem Gewehr im Anschlag will Max' Schwiegermutter ihre Tochter und deren Baby beschützen, doch gegen die geballte Macht der Rockerbande hat sie keine Chance.

MUSIK

BRIAN MAY

Man sollte ihn nicht mit dem Mitglied der Band Queen verwechseln: Brian May war ein australischer Komponist, der am 28. Juli 1934 in Adelaide geboren wurde. Er besuchte das Adelaide Elder Conservatorium und wurde dort als Pianist, Violinist und Dirigent ausgebildet. Im Alter von 35 Jahren zog May nach Melbourne und dirigierte dort die ABC Melbourne Show Band. Später wurde er Komponist für Fernsehserien - etwas, das bis dahin nicht praktiziert wurde, da man einfach vorgefertigte Musik benutzte.

In den 70er Jahren wurde er dann verstärkt für den Film tätig. 1978 schrieb er die Musik für Richard Franklins PATRICKS HÖLLENTRIP (PATRICK, 1979), im Jahr darauf die für MAD MAX. Sowohl dieser Soundtrack als auch jener zum zweiten Teil gehören zu Mays bekanntesten Arbeiten. Am dritten Teil war er nicht mehr beteiligt.

Dafür hat er in den nächsten zwei Jahrzehnten einige sehr eindringliche und originelle Soundtracks für Filme geschrieben:

- BLUTDURST (THIRST, 1979)
- TRUCK DRIVER - GEJAGT VON EINEM SERIENKILLER (ROADGAMES, 1981)
- INSEL DER VERDAMMTEN (TURKEY SHOOT, 1982)
- MISSING IN ACTION 2 - DIE RÜCKKEHR (MISSING IN ACTION 2: THE RETURN, 1985)
- STEEL DAWN - DIE FÄHRTE DES SIEGERS (STEEL DAWN, 1987)

und

- A NIGHTMARE ON ELM STREET 6: FREDDY'S FINALE (FREDDYS FINALE - NIGHTMARE ON ELM STREET 6, 1991)

Mays erste Idee für den MAD MAX-Soundtrack war ein nach Rock'n'Roll klingender Score. Das missfiel George Miller, der es eher klassisch wollte, was May mit dissonanten, aber perfekt passenden Tönen umsetzte. Im Rückblick meinte May, dass Miller Recht gehabt hätte.

Brian May verstarb am 25. April 1997 inmitten von Freunden an einem Herzinfarkt. Er hinterließ eine Frau, vier Kinder und ein musikalisches Werk, das die Zeit überdauern wird.

---

durch die für amerikanischen Ohren gebräuchlicheren US-Pendants, so etwa „windshield" anstelle von „windscreen" für „Windschutzscheibe".

Besser fuhr man mit dem weltweiten Vertrieb, denn abgesehen von den USA hatte man Warner Bros. für die übrigen Territorien begeistern können. Alleine durch diese Verkäufe war der Film natürlich bereits ein riesiger Erfolg für die Produzenten.

Für Mel Gibson war er dies auch. Der Schauspieler ließ es sich auch nicht nehmen, den Film mit einem normalen Publikum zu sehen. Was er sah, erschreckte ihn jedoch etwas, denn in dem Saal waren hauptsächlich Rocker und Biker von jenem Schlage, wie sie auch im Film zu sehen waren. Und sie waren ob der auf der Leinwand gebotenen Aggressivität und Gewalt richtig aufgestachelt, so dass sich Gibson unwohl fühlte, hoffte, dass ihn keiner erkennen würde, und zu der Einstellung kam, dass ihm die Wirkung des Films auf Teile des Publikums sehr suspekt war.

In den USA lief der Film nicht so gut, wie erhofft, spielte in den Drive-Ins, in denen er hauptsächlich ausgewertet wurde, aber dennoch 8,7 Millionen Dollar ein, womit die von AIP investierten 1,8 Millionen Dollar zur Sicherung der US-Rechte mit Gewinn wieder hereingeholt wurden. Weit erfolgreicher lief MAD MAX jedoch im Rest der Welt. Bis 1982 schaffte der Film ein weltweites Kinoeinspiel von mehr als 100 Millionen Dollar. Dabei hatte es der Film in vielen Territorien nicht leicht und kam nur in gekürzter Form in die Kinos, da das Übermaß an Gewalt die Alarmglocken der Zensoren schrillen ließ. Die Kritik war nicht nur positiv. Zwar gab es - auch abhängig nach Ländern - gute Kritiken, aber viele warfen dem Film eine faschistoide Grundhaltung vor.

George Miller störte sich nicht daran, dass man den Film wegen der gezeigten Gewalt angriff. Er ist ein Virtuose der Action und sieht sie als mindestens so wichtig für den Film wie Dialoge an - im Grunde sogar für wichtiger, hat er den Film doch wie einen Stummfilm gestaltet, so dass die Bilder die ganze Geschichte erzählen und für Wirkung sorgen.

MAD MAX war und ist ein beispielloser Erfolg, der nicht nur ein kleines Subgenre begründete, den Endzeitfilm, sondern auch Australien als Filmland bekannt machte. Angesichts des Erfolgs war ein zweiter Teil praktisch sofort beschlossene Sache.

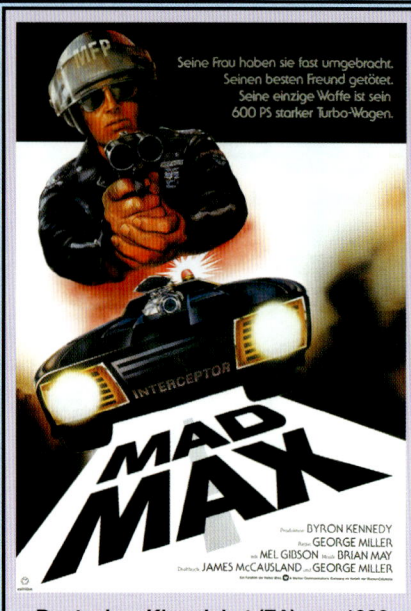

Deutsches Kinoplakat (EA) von 1980
Verleih: Warner-Columbia

| Stabangaben: Australien 1978 | 86 Minuten |

| ERSTAUFFÜHRUNG: | 12.04.1979 |
| DEUTSCHE ERSTAUFFÜHRUNG: | 29.02.1980 |

REGIE: George Miller • DREHBUCH: James McCausland, George Miller • SCHNITT: Cliff Hayes, Tony Paterson • MUSIK: Brian May • KAMERA: David Eggby • PRODUKTION: Byron Kennedy • ORIGINALTITEL: Mad Max • EINSPIELERGEBNIS WELTWEIT: $ 100 Millionen

DARSTELLER:

Mel Gibson	Max Rockatansky
Joanne Samuel	Jessie
Hugh Keays-Byrne	Toecutter
Steve Bisley	Jim Goose
Tim Burns	Johnny the Boy
Roger Ward	Fifi Macaffee
Vince Gill	Nightrider
Geoff Parry	Bubba Zanetti
David Bracks	Mudguts
Bertrand Cadart	Clunk
Stephen Clark	Sarse
Jerry Day	Ziggy
Howard Eynon	Diabando
Max Fairchild	Benno
John Farndale	Grinner
Sheila Florance	May Swaisey
Nic Gazzana	Starbuck
Hunter Gibb	Lair
Andrew Gilmore	Silvertongue
Jonathan Hardy	Labatouche
Brendan Heath	Sprog
Paul Johnstone	Cundalini
John Ley	Charlie
Steve Millichamp	Roop
George Novak	Scuttle

39

„Die meisten Menschen, die glauben nicht, dass es noch Helden gibt heutzutage. Drauf geschissen. Du und ich, Max. Wir werden ihnen beweisen, dass noch nicht alle Helden tot sind."

KOMMENTAR

Das sagt Fifi zu Max. Und Max könnte einer dieser Helden sein, doch er wird es nicht. Sein Pfad führt einen anderen Weg entlang. Er spürt in sich, dass er das Potenzial hat, da draußen zu einer Gefahr wie die Höllen-Jockeys zu werden, nur dass er eine Marke trägt. Max Rockatansky zieht einen Schluss-Strich - und verdammt sich damit selbst.

Denn nach dem Tod seiner Familie wird er zu einem Racheengel, einem Vigilanten, und er lässt alles, was ihn zu einem Helden hätte machen können, zurück. George Millers MAD MAX brilliert, weil uns der Titel schon vorgibt, was Max werden wird. Aber als wir ihn am Anfang kennen lernen, da entspricht er diesem Namen noch nicht, da ist er noch normal. So normal, wie man in dieser zukünftigen Welt sein kann.

Die Welt von MAD MAX ist ähnlich der unseren, aber der Zerfall der Zivilisation ist an allen Ecken und Enden zu spüren. Die Grundmuster der Zivilisation funktionieren noch. In Maßen. Aber das ändert sich auf immer rasantere Art und Weise. Über dem ganzen Film hängt das Gefühl eines langsamen Endes, eines Todes dessen, was wir als unsere Gesellschaft definieren.

Wahrscheinlich hätte es kein besseres Land als Australien geben können, um den Verfall der Welt von MAD MAX darzustellen. Mit seinen unendlichen Weiten und der schieren Leere erscheint dieses Land Bewohnern der restlichen westlichen Welt wie ein unwirklicher Ort. Wie die besten Filmemacher seines Landes versteht es auch Miller, die Weitläufigkeit des Landes zu seinem Vorteil zu nutzen. Hier wirkt der Mensch klein. Und die Bevölkerung erscheint klein. Über weite Flächen ist niemand, aber genau das verstärkt das Gefühl von Gefahr.

Mit eben diesem Gefühl spielt Miller durchgehend. Als er zur Mitte des Films einen Bruch liefert, Max seinen Job hinschmeißen und mit seiner Familie wegfahren lässt, da zeigt er Bilder, die ein Idyll sein könnten. Aber im Kontext dieses Films sind sie das nicht. Über allem hängt die Gefahr. Sieht man Jessie allein am Strand oder im Wald, dann ist es dieses ungute Gefühl, das einen als Zuschauer nicht ruhig sitzen lässt.

Miller, obschon damals noch unerfahren, spielt instinktiv mit den technischen Möglichkeiten. Als Jessie im Wald vor der unsichtbaren Gefahr davonläuft, da setzt er auf die subjektive Kamera - und zwar nicht aus Jessies, sondern aus Sicht der Verfolger. Nur um dann im entscheidenden Moment, als Jessie sich umdreht, die Kamerafahrt als das zu entlarven, was sie ist: ein genialer Stimmungsmacher.

MAD MAX wurde und wird vorgeworfen, dass er ein sehr gewalttätiger und brutaler Film ist. Das stimmt auch - und ist doch nicht gänzlich richtig. Denn Miller hält nie drauf, wenn das Grauen seinen Lauf nimmt. Er inszeniert so, dass die Kamera bis unmittelbar vor den Tod das Opfer begleitet, blendet dann weg und zeigt uns eine Reaktion oder das Ergebnis. Als Max den schwer verbrannten Goose besucht, da zeigt er uns nicht das Brandopfer. Er zeigt uns Max' Gesicht. Wir erkennen den Schrecken darauf und vor unserem eigenen Auge wird ein Bild entworfen, das schrecklicher ist als alles, das Miller hätte zeigen können.

Genauso ist es, als Jessie und Sprog überfahren werden. Miller hält nicht drauf, er zeigt die Motorradfahrer, die Beschleunigung, setzt auf das Röhren der Motoren und zeigt dann, wie ein Kinderschuh auf die Fahrbahn fällt. Wir wissen, was passiert ist. Und so, wie es Miller darstellt, ist es die mit Abstand effektivste Art.

Miller erzählt seinen Film über weite Strecken vergleichsweise stumm. Max hat kaum Dialoge. Seine Gefühlswelt wird über seine Mimik definiert - eine Herausforderung für den jungen Mel Gibson, die dieser bravourös gemeistert hat. Der Regisseur wiederum erweist sich als ein Virtuose der Action. Er zelebriert die Geschwindigkeit in diesem Film. Vieles ist noch roh und ungeschliffen, aber das unterstützt die Wucht, mit der dieser Film den Zuschauer trifft. Denn in seinem nach Muster eines Western erzähltem Film findet sich eine grimmige Wahrhaftigkeit, der man sich nicht entziehen kann.

Toecutters Verbrecherbande will Rache für den Tod des Nightriders.

Bei ihrem Konflikt mit den Polizeikräften, vor allem Max Rockatansky, werden die Biker dezimiert.

APRÈS 1 AN DE CENSURE INTRANSIGEANTE
MAD MAX 1
ENFIN LIBÉRÉ, EN VERSION INTÉGRALE.

PRIX SPÉCIAL
DU JURY
—
FESTIVAL
D'AVORIAZ

MAD MAX

WARNER BROS A Warner Communications Company présente
MEL GIBSON • JOANNE SAMUEL • HUGH KEAYS-BYRNE • STEVE BISLEY
TIM BURNS • ROGER WARD dans "MAD MAX"
Produit par BYRON KENNEDY Réalisé par GEORGE MILLER
Musique de BRIAN MAY Ecrit par JAMES McCAUSLAND et GEORGE MILLER
Distribué par Warner-Columbia Film

INTERDIT AUX MOINS DE 18 ANS

zösisches Erstaufführungsplakat 1982

Steve Bisley ist Max' bester Kumpel Goose. Bisley und Gibson sind auch im realen Leben befreundet. Für Bisley absolvierte Gibson in dessen Film DIE KETTENREAKTION (THE CHAIN REACTION, 1980) einen winzigen Gastauftritt.

STEVE BISLEY

Steve Bisley wurde am 26. Dezember 1951 in Lake Munmorah, New South Wales, geboren. Er arbeitete als LKW-Fahrer, als er sich entschloss, Schauspieler zu werden. So besuchte er das National Institute of Dramatic Art, wo er auch Kommilitone Mel Gibson kennenlernte. Beide spielten erstmals 1977 in SUMMER CITY und sind bis heute befreundet. Gibson absolvierte in Bisleys Film DIE KETTENREAKTION (THE CHAIN REACTION, 1980) auch einen Cameo-Auftritt. Bisley war noch in weiteren Filmen wie AMOK KILL (THE LITTLE FELLER, 1982) und EINSATZKOMMANDO SEEWÖLFE (THE HIGHEST HONOR, 1982) zu sehen, entwickelte sich dann jedoch zum erfolgreichen Seriendarsteller. So hatte er Hauptrollen in den Serien CALL ME MISTER (1986), POLICE RESCUE - GEFÄHRLICHER EINSATZ (POLICE RESCUE, 1992-1995), G.P. (1995-1996), FRONTLINE (1997), WATER RATS - DIE HAFENCOPS (WATER RATS, 1998-2001) und SEA PATROL (2007-2009) inne. Vor kurzem war er im australischen Thriller RED HILL (2010) zu sehen.

HUGH KEAYS-BYRNE

Die Rolle des schurkischen Toecutter ging an Hugh Keays-Byrne, der am 18. Mai 1947 im indischen Kashmir geboren wurde. Er ist Engländer, der 1973 nach Australien zog. Ursprünglich kam er mit der Royal Shakespeare Company auf den Kontinent, mochte es dort aber so, dass er blieb. Im Jahr 1974 war er in SIE NANNTEN IHN STONE (STONE) zu sehen, im Jahr darauf traf er erneut auf Roger Ward, als beide in DER MANN AUS HONGKONG (THE MAN FROM HONG KONG, 1975) mitspielten.

Nach seinem Einsatz bei MAD MAX war Keays-Byrne auch in DIE KETTENREAKTION (THE CHAIN REACTION, 1980) zu sehen und spielte 1984 in dem SF-Film REDWING - FLUCHT VOR DEN SCHWARZEN DROIDEN (REDWING) mit. Weitere seiner Arbeiten sind LES PATTERSON RETTET DIE WELT (LES PATTERSON SAVES THE WORLD, 1987) und DIE JUGGER - KAMPF DER BESTEN (THE JUGGERS, 1989), in dem er Lord Vlle spielte. In den letzten Jahren war er kaum noch zu sehen. Seine letzten Auftritte absolvierte er als Grunchlik in zwei Folgen von FARSCAPE - VERSCHOLLEN IM ALL (FARSCAPE) und der abschließenden Miniserie FARSCAPE: THE PEACEKEEPER WARS (2004)

ROGER WARD

Roger Ward wurde 1936 in Adelaide im Süden Australiens geboren. Schon als Kind stand er auf der Bühne. Im Alter von 16 Jahren arbeitete er für einen Radiosender. Zudem nahm er Schauspielunterricht an der Academy of Dramatic Art. Zugleich hatte er ein großes Faible für das Schreiben. Reisen führten ihn nach Neuseeland und schließlich nach Tahiti, wo er den großen australischen Roman schreiben wollte. Gleichzeitig arbeitete er auch als Schauspieler und war in einer winzigen Rolle in MEUTEREI AUF DER BOUNTY (MUTINY ON THE BOUNTY, 1962) zu sehen. Mit dem Roman „The Set" in der Tasche kehrte er nach Australien zurück. Sein Roman wurde die Basis eines Films, für den er selbst das Drehbuch schrieb. 1970 feierte THE SET dann seine Premiere. Der im homosexuellen Milieu spielende Film sorgte für einiges Aufsehen.

In den 70er Jahren begann Ward, größere Rollen zu erhalten. Er spielte in Filmen wie SIE NANNTEN IHN STONE (STONE, 1974) und Serien wie HOMICIDE mit, womit er zwar nicht weltberühmt, aber langsam zu einem in Australien bekannten Gesicht wurde. Nach MAD MAX war er in Exploitation-Filmen wie DIE KETTENREAKTION (THE CHAIN REACTION, 1980) und INSEL DER VERDAMMTEN (TURKEY SHOOT, 1982) zu sehen.

Ward hat sich heutzutage größtenteils von der Schauspielerei zurückgezogen. In den letzten zehn Jahren ist er nur im Horrorfilm BAD BEHAVIOUR (2010) noch einmal aktiv geworden.

43

Mehr als ein Actionfilm –
›Mad Max‹ ist Action-Mythos!

Ein Thriller mit 114 einmaligen Stunts!

RANDNOTIZ

Von den Kinoaushangfotos ist das das TOP-Motiv.

KINOWERBEMATERIAL UND DIE
FILMSAMMLER

Das deutsche Kinofilmmaterial zu den MAD MAX-Filmen ist sehr beliebt bei den Sammlern. In der Regel sind die Fotos und Plakate ab den 80er Jahren nicht sonderlich begehrt, aber zu MAD MAX taucht so gut wie nie etwas auf dem Sammelmarkt auf - und falls doch, dann werden auch entsprechende Preise aufgerufen. Bis zu 50 Euro für ein Top-Aushangfotomotiv sind dabei keine Seltenheit.

DAS KINOWERBEMATERIAL:

Kinofotos	Plakat	Werberatschlag
18 Stück	A1 und A0	JA mit Matern

MAD MAX II
DER VOLLSTRECKER

INHALT

Das Ende der Zivilisation ist eingetreten. Brutale Motorrad-Gangs diktieren das Geschehen. Auf der Suche nach Benzin gelangt Max zu einer heiß umkämpften Raffinerie. Die Menschen dort, die von Papagallo angeführt werden, planen den Ausbruch. Doch dafür braucht es ein geeignetes Vehikel, das den riesigen Benzintank ziehen kann. Max bietet an, ein solches Gefährt zu besorgen und erhält dafür so viel Benzin, wie er laden kann. Sein Ausbruch endet fast mit seinem Tod. Man bringt ihn zurück ins Lager, wo er sich entscheidet, den Tanklastzug zu steuern. Als sich die Tore öffnen, beginnt eine höllische Jagd auf Leben und Tod.

MAD MAX war ein Erfolg, doch nicht sofort dachte man darüber nach, ein Sequel zu produzieren. Vielmehr lag es George Miller und Byron Kennedy im Sinn, ihre Fertigkeiten auszubauen. Während Kennedy eine Reise durch 15 Länder auf sich nahm, um dort Produktions- und Verleihtechniken unter die Lupe zu nehmen, zog es Miller in die USA, wo er sich vorgenommen hatte, an seinen Fähigkeiten zu feilen. Zugleich machte er sich darüber Gedanken, was es war, das MAD MAX weltweit zum Erfolg gemacht hatte, ihn aber in den USA eher verhalten aufgenommen werden ließ.

Wieder zurück in Australien war er als Associate Producer für DIE KETTENREAKTION (THE CHAIN REACTION, 1980) tätig, an dem einige MAD MAX-Veteranen beteiligt waren. Zugleich begannen 1980 die ersten Überlegungen, in die Welt von MAD MAX zurückzukehren. Zwar hatte Miller auch andere Angebote erhalten, aber es schien ihm richtiger, sich seiner eigenen Schöpfung zu widmen. Wie schon beim ersten Film wollte er das Drehbuch jedoch nicht alleine schreiben. Und wie damals war ihm auch nun bewusst, dass er am liebsten einen Journalisten als Partner haben würde. Da traf es sich, dass er gerade Terry Hayes kennengelernt hatte und beide auf einer Wellenlänge schwammen.

Max sucht in den Wracks nach übrigem Benzin. In diesem desolaten Ödland ist Benzin wertvoller als Gold.

Max lebt nur noch für den Augenblick, immer auf der Suche nach dem nächsten Tropfen Benzin, der seine rastlose Fahrt durch das Ödland weitergehen lässt.

ENTFALLENE SZENEN

Die Eröffnungssequenz des Films sollte etwas anders sein. Das Material hierfür wurde auch gedreht. Als die Kamera von der Motorhaube des V8 Interceptors wegfährt, sieht man, wie Max an einer Farm vorbeifährt, die von Wez und seinen Kumpanen gerade verwüstet wird. Die Bewohner des Hauses hängen tot an einem Baum. Wez und die anderen sehen ihn und springen auf ihre Maschinen, um Max zu verfolgen.

Miller hatte sich mit Joseph Campbells „The Hero with a Thousand Faces" befasst, in dem der Autor aufzeigt, wie die Heldenfiguren sich immer gleichen und ähnliche Attribute besitzen. Das inspirierte das Duo auch zu MAD MAX 2 – DER VOLLSTRECKER, der – das wusste Miller – sich deutlich vom Vorgänger abheben sollte. Es sollte eine weit mythologischere Betrachtung der Figur werden. Und diese kam zustande, indem die Handlung in die noch weiter entfernte Zukunft verlegt wurde, in der ein großer Krieg den Zusammenbruch der Zivilisation bedeutet hat.

Die Figur des Max wurde verändert. Das gab Mel Gibson, der für das Sequel bereit stand, die Gelegenheit, die Figur auszuarbeiten. Zwar hat er kaum mehr Dialogzeilen als im Erstling, aber hier steht er mehr im Mittelpunkt und Millers Ansatz ist eine erzählende Bildsprache, die auf Dialoge nicht so sehr angewiesen ist. Für seine Beteiligung an dem Film gab sich Gibson mit einer Gage von 120.000 australischen Dollar zufrieden. Insgesamt wurde für den Film ein Budget von vier Millionen australischer Dollar veranschlagt, womit der Produktion in etwa das Zehnfache der Kosten des Originalfilms zur Verfügung stand. Mit dieser Summe hatte Miller ein üppiges Budget, zumindest im australischen Vergleich. Während man in Hollywood zu der Zeit schon deutlich teurere Filme drehte, war MAD MAX 2 - DER VOLLSTRECKER der bis dato teuerste australische Film. Normalerweise wurden in Down Under Filme für gut die Hälfte der Summe gedreht.

Die neue finanzielle Freiheit, wenn man sie so nennen will, nutzte Miller, indem er die Handlung in die Wüste verlegte. Das ist von der Umsetzung her teuer, da man Menschen und Material in die Gegend bringen muss. Darum erklärte Miller auch immer wieder, dass er zwar mehr Geld hatte, aber auch alles teurer geworden war, so dass er unter dem Strich das Gefühl hatte, dass er mit denselben finanziellen Problemen wie beim Erstling zu kämpfen hatte.

Was die übrige Besetzung betrifft, so griff Miller auf talentierte, aber weitgehend unbekannte Schauspieler zurück. Bruce Spence, der als Gyro Captain für etwas Humor sorgt, konnte sich mit diesem Film aber einen Namen machen und wurde von Miller im dritten Teil in einer ähnlichen Rolle eingesetzt, was bei dem einen oder anderen Fan für Verwirrung gesorgt hat.

Eigentlich wollte Miller auch Roger Ward wieder mit dabei haben. Er hatte ihm den Part des Humungus angeboten, aber der war Ward nicht aussagekräftig genug. Immerhin: Man kann sein Gesicht nicht sehen und die Dialoge halten sich in Grenzen. Dementsprechend stellte er eine hohe Gagenforderung, die Miller nicht zu bezahlen bereit war. Für die Rolle des Mohawk-Kriegers Wez verpflichtete man Vernon Wells, der in der Folgezeit noch häufiger Schurken spielen sollte. Eine Herausforderung war es, einen Jungen für die Rolle des wilden Kindes zu finden. Aus den hoffnungsvollen Aspiranten tat sich Emil Minty heraus, der von manchen Kri-

RANDNOTIZ

UNCUT

Jahrelang gab es auf dem Heimkinosektor nur eine gekürzte Fassung des Films, die mit der amerikanischen R-Rated-Version übereinstimmt. Es fehlten nur ein paar Sekunden: Eine Nahaufnahme von Wez, der den Pfeil aus seinem Arm herauszieht, und eine Nahaufnahme des Bumerangs, der im Kopf seines Freundes steckt. Diese Sekunden waren über Jahre hinweg fast nur auf wenigen ausländischen Veröffentlichungen zu sehen, dann jedoch in Vollbild. Mit der Veröffentlichung des Films auf Blu-ray liegt nun auch hier zu Lande die Unrated-Fassung vor.

Max' einziger Begleiter und Freund ist ein Hund, der ihm irgendwann zugelaufen ist. Mit den Menschen verbindet Max nichts mehr.

tikern für seine Darstellung sogar die meisten Lobesworte bekam. Minty, der viele gemeinsame Szenen mit Gibson hatte, sprach später sehr nett über den Star und erklärte, dass sich dieser um ihn wie um einen Sohn gekümmert hätte. Gibson hatte ihm sogar beigebracht, wie man einen Kopfstoß simuliert, ohne dass jemand verletzt wird. Zusammen mit seiner Frau und den eigenen Kindern soll Gibson Minty sogar in eine Vorführung des ersten MAD MAX mitgenommen haben, aber Gibson bestritt später, dass dies jemals geschehen sei, da er zu jener Zeit seinen Kindern auch nur erlaubte, den zweiten Teil der Reihe zu sehen.

Heimlicher Star des Films ist Max' Hund. Laut Drehbuch sollte er eigentlich dreibeinig sein, aber ein solches Tier fand man nicht, weswegen Miller begann, sich in Tierheimen umzusehen. Seine Aufmerksamkeit erregte ein zwei Jahre alter Blue Heeler, eine Mischung aus Schäferhund und Kojote, der ein paar Kunststückchen vorführen konnte. Miller entschied sich für den Hund, der danach mit einem Tiertrainer ein mehrwöchiges Training durchlaufen musste, damit man sichergehen konnte, dass bei den Dreharbeiten nichts Unvorhergesehenes passieren würde.

Da das Motorengeräusch des Wagens für den kleinen Hund viel zu laut war, er unruhig wurde und sich einmal sogar erleichterte, gestaltete man spezielle Ohrenstöpsel, die den Lärm dämpfen sollten. Der Hund, der aus einem Tierheim gekommen war, wurde nach den Dreharbeiten von einem der Stuntmänner adoptiert.

KAMERA

DEAN SEMLER

Zuerst hatte George Miller an Jon Seale gedacht, entschied sich dann aber für Dean Semler als Kameramann. Semler wurde 1943 im australischen Renmark geboren. Seine Karriere begann er bei einem regionalen Fernsehsender, wo er als Kameramann tätig wurde. Später filmte er Dokumentationen und Lehrfilme und kam Mitte der 70er Jahre zum Spielfilm. Für HOODWINK erhielt er 1981 exzellente Kritiken und auch seine Arbeit an MAD MAX 2 - DER VOLLSTRECKER wurde gelobt.

Mit diesem Film machte er international auf sich aufmerksam. Zwar drehte er in den 80er Jahren noch hauptsächlich in Australien, aber zum Ende des Jahrzehnts lockte Hollywood. In Australien zeichnete er für die Kameraarbeit von RAZORBACK – KAMPFKOLOSS DER HÖLLE (RAZORBACK, 1984) und dem Kriegsfilm THE LIGHTHORSEMEN (THE LIGHTHORSEMEN, 1987) verantwortlich. Außerdem kehrte er für den dritten Teil zur MAD MAX-Reihe zurück.

Kevin Costner holte ihn in die USA, um für seinen Film DER MIT DEM WOLF TANZT (DANCES WITH WOLVES, 1990) die Kamera zu übernehmen. Die prächtigen Bilder gefielen derart, dass ihm die Academy einen Oscar für die beste Kameraarbeit verlieh. Weitere wichtige Filme Semlers sind WATERWORLD (WATERWORLD, 1995), BRUCE ALL-MÄCHTIG (BRUCE ALMIGHTY, 2003) und APOCALYPTO (APOCALYPTO, 2006).

Gelegentlich arbeitete er auch als Regisseur, doch Filme wie FIRESTORM - BRENNENDES INFERNO (FIRESTORM, 1998) und der Steven-Seagal-Actioner DER PATRIOT (THE PATRIOT, 1998) waren so beeindruckend nicht.

Mel Gibson erklärt Dean Semler, wie er sich eine Szene seines Films APOCALYPTO vorstellt.

Wez (Vernon Wells) jagt hinter Max her. Was er will, ist der Sprit im Interceptor V8. Auch der Wagen würde seinem Herrn Humungus wohl gefallen.

Humungus' Leute foltern einige der friedliebenden Betreiber der Ölbohrgemeinschaft, die nach einem Weg aus dem Tal heraus suchen sollten.

RANDNOTIZ

ENDZEIT-VEHIKEL

Der V8 Interceptor, den Max fährt, ist wieder das Ford Falcon XB Coupe, V8 351. Wez fährt eine Kawasaki Z-1 900 oder 1000, die modifiziert wurde, um wie eine damals gerade neue Suzuki Katana auszusehen. Der Lastwagen, den Max am Ende fährt, ist ein Mack R600 Coolpower. Humungus steuert einen F-100 Truck, der aber extrem modifiziert wurde, so dass er nur noch für Experten erkennbar ist.

Wez auf der Kawasaki Z-1 900 (oder 1000).

Bis kurz vor Drehbeginn hatte Miller geplant, auf den Motorrädern von Humungus' Horden einfach Pärchen einzusetzen, aber dann hatte er das Gefühl, dass das zu sehr an Biker-Filme der 60er Jahre erinnerte, weswegen er Wez zu einer homosexuellen Figur machte. Die Dreharbeiten zum Film begannen im Frühjahr 1981. Gedreht wurde in New South Wales und hier um die Orte Broken Hill, Silverton, Stephen's Creek und den Menindee Lakes. Das Großartige war, dass sich weite Landschaften boten, in denen es nichts gab, was auf Zivilisation hinwies - die perfekte Umgebung für die desolate Welt des Films.

Mit einer Crew von mehr als 200 Menschen kam die Produktion in Broken Hill an. Alleine für das große Finale mit der Verfolgung des Tanklasters waren Dutzende Stuntmen im Einsatz. Dabei erwies es sich als problematisch, dass es in der australischen Filmlandschaft gar nicht so viele auf Autos spezialisierte Stuntmen gab. Darum heuerte man Stock-Car-Racer an, die es gewohnt waren, spektakuläre Stunts zu vollführen. Dennoch kam es bei den Dreharbeiten zu einigen Verletzungen.

Nachdem wochenlang alles gut gegangen war, gab es dann eine Reihe von Stunts, bei denen mehrere Leute verletzt wurden. Als erstes erwischte es Guy Norris, der sich ein Jahr zuvor einen komplizierten Beinbruch zugezogen hatte und darum auch einen Stahlstift im Bein hatte. Hier nun sollte er mit einem Motorrad einen Buggy rammen und dann darüber hinwegsegeln. Eigentlich sollte Norris auf extra dafür vorgesehenen Pappkartons landen, doch er verpasste den Moment des Absprungs, wobei mit dieser Verzögerung auch ein leicht abgeänderter Fallwinkel einherging, so dass er auf dem nackten Boden landete. Durch die Detonation, die den Buggy erschüttern sollte, wurde dieser hochgerissen, so dass er auf Norris' Bein landete. Zu seinem Glück brach er die Knochen nicht, verbog aber den Stahlstift, weswegen Norris ins Krankenhaus eingeliefert werden musste. Dort war er nicht lange allein.

Schon am nächsten Tag erwischte es Max Aspin, den Chef des Stuntteams, der auch Mel Gibson doubelte. Er fuhr mit einem Wagen gegen eine Reihe anderer Autos, sollte in einem Graben landen, aussteigen und weggehen. Soweit ging das auch alles gut, beim Aufprall des Wagens brach er sich jedoch den Fuß und auch einen Rückenwirbel. Ansonsten ging es mit leichteren Verletzungen und Blessuren dahin. Ein weiteres Opfer war jedoch zu beklagen: Eine umgerechnet rund 50.000 Euro teure Arriflex-Kamera, die beim Finale vor die Hunde ging. Man hatte sie am Straßenrand positioniert, um die Verfolgungsjagd aufzunehmen und dafür auch einen stählernen Käfig angefertigt, der sie schützen sollte. Doch ein Metallteil wurde durch die Luft gewirbelt und direkt durch eine Öffnung im Gitter in die Optik der Kamera geschleudert. Der Film blieb unversehrt, so dass das Material zumindest benutzt werden konnte.

Für die Dreharbeiten stand diesmal etwas mehr Zeit zur Verfügung. Nach knapp drei Monaten hatte man den Film im Kasten und Miller konnte mit der Nachproduktion beginnen. Er wollte den Film stilistisch anders haben, das hatte er schon bei der Kameraarbeit erreicht, für die er Dean Semler holte, mit dem er noch mehrmals zusammenarbeiten sollte. Einmal erklärte er, dass keine Wo-

Pappagallo (Michael Preston) steuert eines der Vehikel, das als Begleitschutz für den Tanklaster dienen soll.

Humungus nutzt seine Gefangenen als menschliche Schutzschilde, damit die Belagerten nicht ihre Flammenwerfer einsetzen. Auch nach ihrem Tod lässt er die Leichen nicht von seinem Wagen entfernen, sondern nutzt sie als Dekoration.

che vergeht, in der er nicht auf MAD MAX 2 - DER VOLLSTRECKER angesprochen wird. Nun wollte Miller diesem Prinzip aber auch im Schnitt folgen. Er hatte die Arbeit einiger Regie-Virtuosen analysiert und machte sich nun daran, das Gelernte auch umzusetzen. Für die musikalische Untermalung holte er erneut Brian May, der mit dissonanten Melodien und Tönen den Sound seines Erstlings ausbaute und für diesen Film anpasste. Auf Rock-Songs, wie manche sie erwartet hatten, verzichtete Miller völlig, da er der Meinung war, dass Bild und Ton hier keine gemeinsame Ebene finden würden.

Die Nachproduktion ging diesmal schneller vonstatten, da sich Miller und Kennedy ganz und gar darauf konzentrieren konnten. So konnte der Film schon im Dezember 1981 in Australien seine Premiere feiern. Der Film erwies sich vom Fleck weg als Erfolg.

Diesmal galt dies auch sofort für die USA, denn den weltweiten Vertrieb hatte Warner übernommen. Da man jedoch fürchtete, der Film könnte als Sequel zu einem Werk, das keine große Beachtung errungen hatte, untergehen, änderte man den Titel und entfernte den MAD MAX-Bezug. In den USA wurde der Film als THE ROAD WARRIOR ausgewertet. Insgesamt spielte er fast 25 Millionen Dollar alleine in den USA ein. Dazu kamen später noch weitere Einnahmen durch Mitternachtsscreenings in Drive-Ins. Außerdem ließ sich mit dem ersten Teil noch einmal Geld verdienen, denn nach dem Erfolg des Sequels war auch das Interesse am Original groß, das noch einmal in die Kinos gebracht wurde. Insgesamt spielte der Film weltweit mehr als

RANDNOTIZ

GEORGE MILLER ÜBER

MAD MAX 2:
„Meine Erfahrungen haben mich als Autor besser gemacht und mir ein größeres Verständnis für dramatische Konflikte gegeben. Wenn man zum mythologischen Kern zurückkehrt, dann ist ein Teil der Helden-Saga die Phase, in der der Held seinen Optimismus verloren hat. Wegen seiner persönlichen Tragödie ist Max zu einem ausgebrannten Menschen geworden. Er ist jemand, der den menschlichen Teil seiner Selbst nicht länger anerkennt. Um zu überleben, so glaubt er, muss er frei von Emotion sein. Und obwohl er sich sträubt, wird er zum Retter anderer, womit eine Entwicklung bei ihm einsetzt."

DIE ZUKUNFT:
„Im Film spekulieren wir nicht wirklich, wie die Zukunft aussehen könnte. Würde ich eine Dokumentation darüber machen, wie ich mir die Zukunft vorstelle, so würde diese nicht wie in den MAD MAX-Filmen aussehen."

150 Millionen Dollar ein und erwies sich später auch auf VHS als gigantischer Erfolg. 1983 wurden in den USA an die Videotheken 50.000 bis 100.000 Einheiten verkauft (die Quellen unterscheiden sich hier sehr stark), was immens ist, wenn man bedenkt, dass damals für eine solche Kassette noch mehrere hundert Dollar hingelegt werden mussten.
Weltweit hatte der Film Probleme. Zwar nicht mit der Kritik, die bisweilen angesichts der Gewalt die Nase rümpfte, den Film sogar als Action-Meisterwerk feierte, dafür aber mit den Zensurbehörden. In einigen Ländern wurde der Film nur gekürzt veröffentlicht.
Angesichts des Erfolgs kam natürlich die Frage auf, wie es mit einem dritten Teil der Reihe aussähe. Gibson verneinte und meinte, er hätte kein besonderes Interesse, die Rolle noch einmal zu spielen, stellte aber auch klar, dass er bei entsprechendem finanziellem Angebot vielleicht zu überzeugen war. George Miller wiederum hatte auch andere Feuer im Eisen und nicht vor, noch einmal in das Ödland des MAD MAX-Universums zurückzukehren, doch wie schon ein bekannter Schotte einmal meinte: Sag niemals nie.

Wez (Vernon Wells) attackiert den von Max (Mel Gibson) gefahrenen Tanklaster. Der Wilde mit dem Irokesenschnitt lässt sich von nichts und niemanden aufhalten - erst durch Max erlebt er seinen Untergang.

RANDNOTIZ

GEORGE MILLER ÜBER

ÜBER DIE GEWALT IM FILM:
„Es gibt nicht viele Blutszenen in MAD MAX 2. Auch wird nicht viel im Detail gezeigt. Meistens passiert es offscreen und ist darum auch viel wirkungsvoller. Man bekommt das Gefühl von Gewalt und das lässt den Zuschauer unruhig werden."

DIE NATUR DES MENSCHEN:
„Jedes Element in MAD MAX 2 stammt aus der Gegenwart und hat mit der Prämisse zu tun, dass es plötzlich keine Energie mehr gibt. Die Menschen würden in den nächsten Supermarkt fahren, um zu holen, was noch da ist. Dort würden sie auf andere Menschen treffen. Und es würde Kämpfe geben. Wir hätten kein Benzin für unsere Fahrzeuge und sehr schnell würden wir eine Art darwinistischen Zustand erreichen, in dem die Menschen ums Überleben kämpfen müssen. Einige würden zweifelsohne einen brutaleren Lebensstil wählen und verzehren, was noch an Ressourcen da ist. Aber es gäbe auch andere Menschen, die versuchen würden, einen Neuanfang zu machen."

Ein Toter, der auf der Straße verwest. Sinnbildlich steht er auch für die Zivilisation, die nur noch ein verrottender Leichnam ist.

Ungeschittene Fassung ist 3 Minuten länger

KOMMENTAR

Was MAD MAX II zu einem grandiosen Film macht, ist nicht die Tatsache, dass er die Quintessenz eines Actionfilms ist, sondern dass George Miller hier ein Sequel ersonnen hat, das sich sehr deutlich vom Erstling abhebt. Man erwartet bei Sequels, dass man das Gleiche wie beim ersten Mal vorgesetzt bekommt - nur größer. In gewisser Weise könnte man argumentieren, dass das auch mit diesem Film der Fall ist, aber das ginge am Punkt vorbei.

Denn mit dem zweiten Teil hat Miller seinen Mad Max zu einer mythologischen Figur gemacht. Sieht man sich alle drei Teile an, so kann man eine Entwicklung der Figur Max erkennen. Aber jeder Film steht auch für sich. Und jeder Film zeigt eine Facette derselben Figur, die dann stärker herausgearbeitet wird. In diesem zweiten Film ist Max eine Figur nicht unähnlich dem Mann ohne Namen, den Clint Eastwood in den Dollar-Filmen von Sergio Leone gespielt hat.

Er ist ein namenloser Western-Held, jemand der nur auf seinen eigenen Vorteil bedacht ist, dann jedoch das Stückchen Menschlichkeit in sich wiederfindet, das ihn dazu verleitet, einen selbstlosen Akt zu begehen.

Um seinen Helden mythologisch aufzuwerten, war es notwendig, die Welt von MAD MAX zu verändern. Gab es im ersten Teil noch so etwas wie Zivilisation, so zeigt eine Montage am Anfang dieses zweiten Teils, dass eben diese Zivilisation sich selbst verschlungen hat. Was bleibt, ist ein Ödland, eine Welt bar jeder Hoffnung, in der die Starken überleben und Menschen für einen vollen Tank töten.

Benzin ist das alles bestimmende Element in dieser Welt. So wie es Öl in der unseren ist. Und speziell aus moderner Sicht ist es interessant, wie düster und nihilistisch der weitere Verlauf der Menschheitsgeschichte gezeichnet wird. Beängstigend, wenn man bedenkt

Französisches Erstaufführungsplakat 1982

RANDNOTIZ
GEORGE MILLER ÜBER

DAS WILDE KIND:
„Die Menschen hätten in dieser Welt nicht viele Kinder, weil eine schwangere Frau weniger große Überlebenschancen hat. In einer rauen Welt wie dieser wäre auch Sex größtenteils nur noch zur Fortpflanzung gut. Einige würden vielleicht gar keinen Sex mehr haben wollen, weil sie sich zu viele Sorgen darüber machen, Tag für Tag zu überleben. Ein paar Kinder würde es aber geben, die es irgendwie geschafft hätten, zu überleben. Diese Kinder würden wie wilde Tiere aufwachsen, weil niemand Zeit hätte, sich um sie zu kümmern."

dass die Ölreserven dieser Welt 30 Jahre nach Entstehung dieses Films auch nicht mehr für alle Ewigkeit reichen werden.

Max ist nach wie vor der wortkarge Held, aber einer, der immer düsterere Züge angenommen hat. Am Anfang ist er bereit, den Gyro Captain zu töten und unterlässt es nur, weil dieser ihm Benzin verspricht. Der Max dieses zweiten Teils ist (fast) das geworden, was seine Familie nur wenige Jahre zuvor getötet hat. Aber durch das wilde Kind, das all seine Hoffnung und all sein Vertrauen in ihn steckt, findet er am Ende wieder dieses Stück Menschlichkeit in sich selbst, das zu einer weiteren Veränderung führt.

Optisch ist der Film phantastisch. Miller hat die Handlung in eine Wüstengegend verlegt. Ein deutlicher Unterschied zum ersten Film, bei dem das weite Land zwar auch ohne nennenswerte Fauna, aber immerhin noch grün war. Durch die Verlagerung in die Wüste wird ein deutlich nihilistischeres Ambiente geboten, was auch der Voice Over am Anfang akzentuiert. Wer in die Wüste kommt, hat alle Hoffnung verloren. Er geht dorthin, um zu sterben - oder um neugeboren zu werden.

Von allen drei Filmen der Trilogie ist MAD MAX 2 - DER VOLLSTRECKER der, der am ehesten einem klassischen Western ähnelt. Zugleich ist er ein extremer Actionfilm, der die Handlung auf größtmögliche Simplizität verdünnt, aber dafür mit einer Rasanz erzählt ist, der man sich als Zuschauer nicht entziehen kann. Nicht umsonst gilt dieser Film als einer der größten Actionfilme aller Zeiten, ist sich George Miller hier doch auch treu geblieben, indem er möglichst wenig auf Dialoge setzt. Stattdessen lässt er die Bilder und die noch lebendigere und dynamischere Kamera als beim Erstling die Hauptrolle übernehmen. Das alles ist so mitreißend gestaltet, dass während des Sehens die eine oder andere Frage gar nicht erst aufkommt. Etwa, wie Pappagallo und die Seinen sich so sicher sein können, dass 2.000 Meilen entfernt alles besser ist als in diesem Ödland. Umso mehr gilt dies, da der alte Mann zum Beweis für das Paradies einen Prospekt für ein Urlaubsressort herauskramt.

Phantastisch ist das Finale, das über mehr als 20 Minuten hin eine extrem aufwendige Verfolgungsjagd mit verschiedenen Fahrzeugen zeigt und dabei eine rohe Kraft entwickelt, die das Publikum in den Stuhl presst.

Das Ende entspricht der Mythologisierung, die Miller wollte. Es ist ein Schlussbild, das uns nicht sagt, was Max als nächstes machen wird, das ihn alleine zurücklässt, während die Kamera sich entfernt. Er ist wie ein Engel, der geschickt wurde, die Gerechten ins gelobte Land zu führen, und der am Ende zurückbleiben bzw. verschwinden muss. Ein faszinierendes, im Gedächtnis nachhängendes Schlussbild, das die Bühne für den dritten Teil bereitet.

Deutsches Kinoplakat (EA) von 1982
Verleih: Warner Bros.

Stabangaben: Australien 1981 | 88 Minuten	
US-ERSTAUFFÜHRUNG:	24.12.1981
DEUTSCHE ERSTAUFFÜHRUNG:	27.08.1982

REGIE: George Miller • DREHBUCH: Terry Hayes, George Miller, Brian Hannant • SCHNITT: Michael Balson, David Stiven, Tim Wellburn • MUSIK: Brian May • KAMERA: Dean Semler • PRODUKTION: Kennedy Miller • ORIGINALTITEL: Mad Max 2 / The Road Warrior • EINSPIELERGEBNIS WELTWEIT: $ 150 Millionen

DARSTELLER:
Mel Gibson	Max Rockatansky
Bruce Spence	Gyro Captain
Vernon Wells	Wez
Emil Minty	Feral Kid
Mike Preston	Pappagallo
Kjell Nilsson	Humungus
Virginia Hey	Amazone
Max Phipps	The Toadie
William Zappa	Zetta
Arkie Whiteley	The Captain's Girl
Steve J. Spears	Mechanic
Syd Heylen	Curmudgeon
Moira Claux	Big Rebecca
David Downer	Nathan
David Slingsby	Quiet Man

Max rettet den wilden Jungen. Dieses Kind ist es, das Max dazu bringt, seine eigene Menschlichkeit wieder zu entdecken.

Mexikanisches Erstaufführungsplakat 1982

BRUCE SPENCE

Bevor Bruce Spence in MAD MAX 2 - DER VOLLSTRECKER auftrat, war er schon zehn Jahre im Filmgeschäft aktiv. Der große Durchbruch hatte sich in der Zeit jedoch nicht eingestellt. Er war nach wie vor nur einer von vielen Schauspielern, die auf den Erfolg hofften.

Spence wurde am 17. September 1945 in Auckland, Neuseeland, geboren. Dort besuchte er auch die Schule und kam erst als erwachsener Mann nach Australien. Die Rolle eines Leading Mans spielte Spence nur einmal in seinem Leben, interessanterweise am Anfang seiner Karriere. In seinem zweiten Film, STORK (1971), spielte er einen Mann, der Kommunist, Träumer und Jungfrau zugleich ist und sich zudem Sorgen macht, welche Krankheiten er bekommen könnte. Die Komödie ist auf den australischen Markt zugeschnitten, gilt dort jedoch als Kultfilm.

In den 70er Jahren war der 2,01 Meter große Schauspieler in verschiedenen Filmen und Fernsehserien zu sehen. Nennenswert ist davon eigentlich nur DIE KILLER-AUTOS VON PARIS (THE CARS THAT ATE PARIS, 1974) von Peter Weir. Mit seinem Auftritt als Gyro Captain wurde Spence bekannter und erhielt größere Rollen in größeren Rollen. Schon kurz nach diesem Film war er in RETURN OF CAPTAIN INVINCIBLE ODER WER FÜRCHTET SICH VOR AMERIKA? (THE RETURN OF CAPTAIN INVINCIBLE, 1983) zu sehen. George Miller engagierte ihn für den dritten MAD MAX-Teil erneut, auch wenn er eine andere Rolle spielte, die aber Ähnlichkeiten zu seiner ersten hatte.

Spence spielte in DARK CITY (DARK CITY, 1998) mit und war in der Fernsehverfilmung MOBY DICK (MOBY DICK, 1998) mit Patrick Stewart zu sehen. Bemerkenswert an seiner Karriere ist, dass er in den dritten Teilen von fünf großen Franchises mitgewirkt hat: MAD MAX - JENSEITS DER DONNERKUPPEL (MAD MAX BEYOND THUNDERDOME), MATRIX REVOLUTIONS (MATRIX REVOLUTIONS, 2003), DER HERR DER RINGE - DIE RÜCKKEHR DES KÖNIGS (LORD OF THE RINGS: THE RETURN OF THE KING, 2003), STAR WARS: EPISODE III - DIE RACHE DER SITH (STAR WARS: EPISODE III - REVENGE OF THE SITH, 2005) und DIE CHRONIKEN VON NARNIA - DIE REISE AUF DER MORGENRÖTE (THE CHRONICLES OF NARNIA: THE VOYAGE OF THE DAWN TREADER, 2010).

Eine Hauptrolle absolvierte Bruce Spence in der in Neuseeland gedrehten Fantasyserie LEGEND OF THE SEEKER - DAS SCHWERT DER WAHRHEIT (LEGEND OF THE SEEKER), die mit zwei Staffeln von 2008 bis 2010 produziert wurde. Seit 1973 ist Bruce Spence verheiratet und Vater zweier Kinder.

Bruce Spence sorgt als Gyro Captain für komische Momente. Er war so beliebt, dass George Miller ihn auch im dritten Film wieder einsetzte, aber in einer anderen Rolle, die kurioserweise dieser hier sehr ähnlich ist.

57

VIRGINIA HEY

Virginia Robin Hey wurde am 19. Juni 1962 in Coogee, South New Wales, geboren. Sie wurde als Modell entdeckt, als sie an einer Bushaltestelle stand. Erste Aufträge kamen bald und so fand sich Hey auf den Covers verschiedener Magazine wieder. Zugleich begann sie auch, in Werbespots mitzuspielen und wollte dann auch richtig als Schauspielerin aktiv werden. Ihr Debüt gab sie 1981 als kriegerische Amazone in MAD MAX 2 - DER VOLLSTRECKER.

Richtig Profit konnte sie daraus nicht schlagen. Es dauerte bis 1984, als sie eine wiederkehrende Rolle in der australischen Soap PRISONER erhielt. 1986 wirkte sie in CASTAWAY - DIE INSEL (CASTAWAY) mit und war 1987 in JAMES BOND 007 - DER HAUCH DES TODES (THE LIVING DAYLIGHTS) zu sehen. Serienengagements schlossen sich an, doch erst wieder erfolgreich war sie mit ihrer bis dato letzten Rolle. Sie nahm 1999 den Part der außerirdischen Pa'u Zotoh Zhaan in FARSCAPE - VERSCHOLLEN IM ALL (FARSCAPE) an, verließ die Serie aber nach der dritten Staffel, da sie es leid war, sich für die Rolle die Haare und die Augenbrauen abrasieren zu müssen. Zudem sorgte die hohe Menge an Special-Make-up, die sie tragen musste, für gesundheitliche Probleme. In den 90er Jahren ließ sie sich in Naturheilpraktiken und Homöopathie ausbilden. Heutzutage lebt sie in den USA, war zuerst in Fort Myers, Florida, später in Los Angeles, Kalifornien, ansässig, veranstaltet Seminare, vertreibt Schönheits- und Wellness-Produkte und hat mit Virginia Hey Couture ein eigenes Markenlabel gegründet.

Virginia Hey als namenlose Kriegerin, die Max nicht so recht traut.

RANDNOTIZ

TERRY HAYES ÜBER

MAD MAX 2:

„Im ersten Film wird nicht erwähnt, ob es einen nuklearen Krieg gegeben hat. Am Anfang heißt es nur, dass die Geschichte ein paar Jahre in der Zukunft spielt. Als der erste Film entstand, gab es noch keine Überlegungen, ob ein Nuklear-Krieg zu diesem Zustand der Welt geführt haben könnte. Vielmehr war Georges Theorie, dass die Welt sich in natürlicher Progression zu dieser Anarchie entwickelt hatte. Als wir jedoch am zweiten Film arbeiteten, erkannten wir, dass es innerhalb der Logik des ersten Films durchaus möglich war, dass es einen begrenzten nuklearen Krieg in der nördlichen Hemisphäre gegeben haben könnte. Was dann in Australien geschah, war ein Zusammenbruch der sozialen Ordnung, weil die Menschen langsam wahnsinnig wurden, wohlwissend, was auf sie zukam."

VERNON WELLS

Vernon Wells wurde am 31. Dezember 1945 in Rushworth, Australien, geboren. Er arbeitete in den unterschiedlichsten Professionen und war u.a. ein Verkäufer, bevor er sich in den 70er Jahren für die Schauspielerei zu interessieren begann und so erste Erfahrungen am Theater sammelte. Gastauftritte in Serien schlossen sich an, woraufhin 1981 sein erster großer Film kam: MAD MAX 2 - DER VOLLSTRECKER.

Wells spielt hier den Mohawk-Krieger Wez, eine Figur, für die er heute noch am Bekanntesten ist. Dass er auch Sinn für Humor besitzt, bewies er, als er 1985 in John Hughes L.I.S.A. - DER HELLE WAHNSINN (WEIRD SCIENCE) auftrat und seine Rolle als Wez parodierte. Der Film wurde von Joel Silver produziert, der Wells' Arbeit mochte und ihm darum den Schurkenpart in PHANTOMKOMMANDO (COMMANDO, 1985), einem Actionfilm mit Arnold Schwarzenegger, anbot. Wells spielt hier den erzgemeinen Schurken Bennett, den er selbst als „Freddy Mercury auf Steroide" bezeichnet hat.

Zu seinen weiteren wichtigeren Arbeiten gehören DIE REISE INS ICH (INNERSPACE, 1987) und Stuart Gordons SF-Actionfilm FORTRESS - DIE FESTUNG (FORTRESS, 1992). Gordon setzte ihn später auch bei dem Film SPACE TRUCKERS (SPACE TRUCKERS, 1996) ein. Endzeitstimmung gab es für Wells indes bei CYBERSPACE (CIRCUITRY MAN, 1990), dem Sequel CIRCUITRY MAN (CIRCUITRY MAN 2, 1994) und unlängst in DOWNSTREAM - ENDZEIT 2013 (DOWNSTREAM, 2010). Eine wiederkehrende Rolle als Schurke Ransik absolvierte er in der Serie POWER RANGERS TIME FORCE im Jahr 2001.

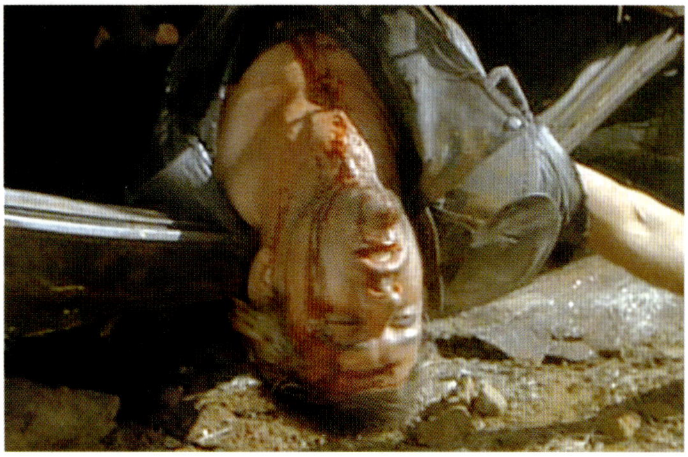

MAD MAX
DER VOLLSTRECKER
Ein Farbfilm der Warner Bros. A Warner Communications Company
im Verleih der Warner-Columbia

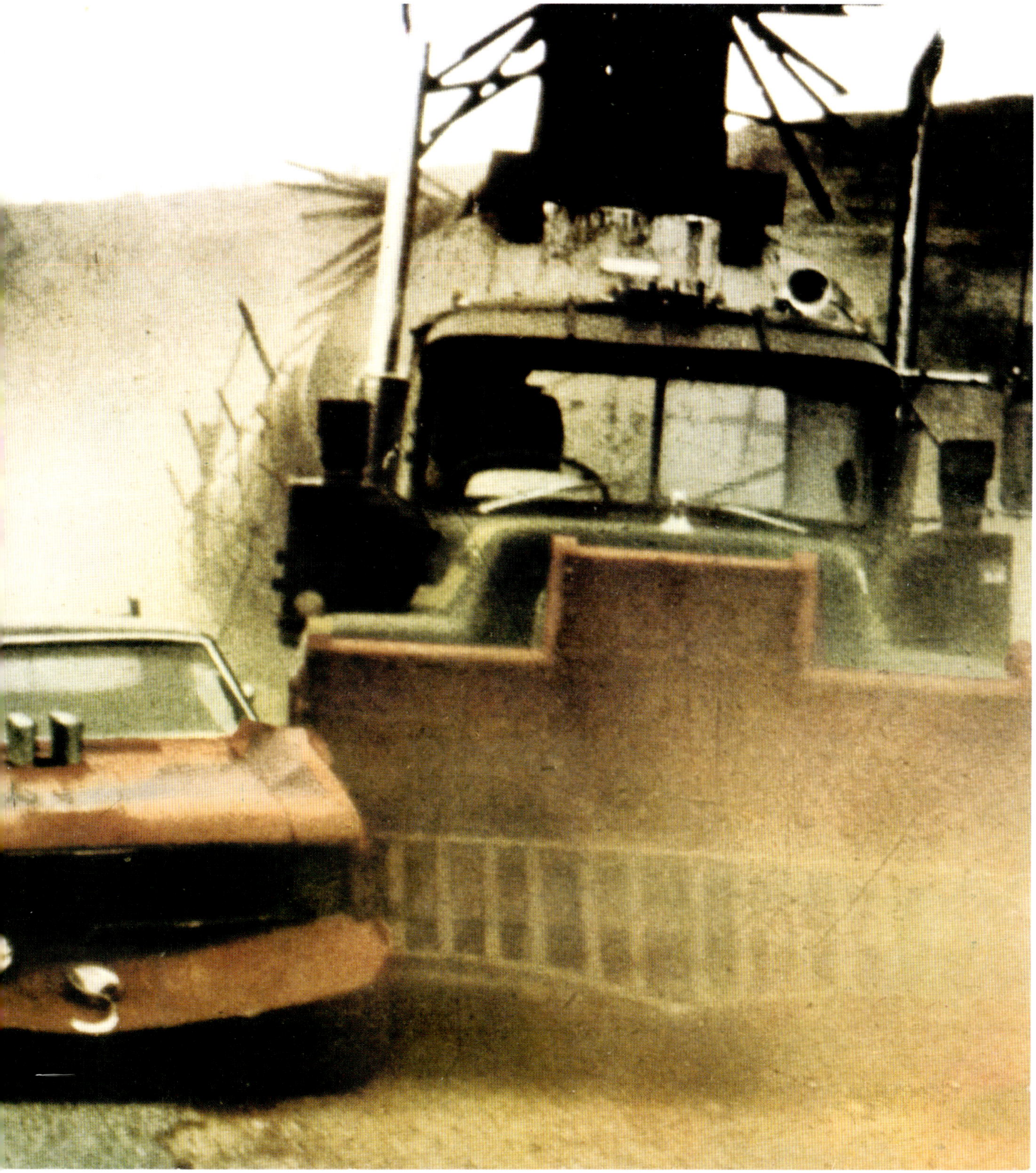

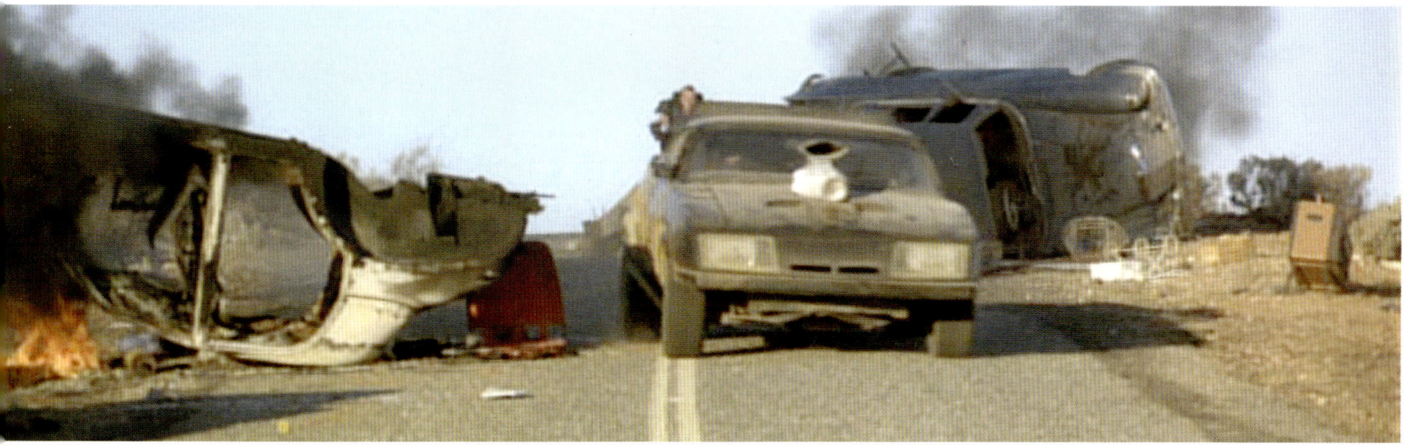

MAD MAX
JENSEITS DER DONNERKUPPEL

Tina Turner ist Aunty Entity. Sie herrscht über Bartertown, ist aber von Master abhängig. Bis Max kommt und die Donnerkuppel betritt…

INHALT

Max wird bestohlen und sein Weg führt ihn nach Bartertown, wo Aunty Entity ihn anheuert, um in der Donnerkuppel gegen Blaster anzutreten, den Muskel von Master, einem Zwerg, der die Energieversorgung der Stadt unter seiner Kontrolle hat. Max gewinnt, kann Blaster jedoch nicht töten, weswegen man ihn verbannt und zum Sterben in die Wüste schickt. Dort wird er jedoch von einigen Kindern gefunden, die glauben, dass er Captain Walker ist und sie ins Überübermorgenland bringt. Max erkennt, dass die Kinder sich aus Bildern und Informationsbrocken der alten Welt etwas zusammengesponnen haben. Als einige nachts das Lager verlassen und in Richtung Bartertown aufbrechen, folgt er ihnen, um sie zu retten. In Bartertown können sie Master aus den Händen von Aunty Entity befreien, werden jedoch verfolgt. Mit Hilfe eines Flugzeugs fliehen die Kids zusammen mit Pilot Jedediah und seinem Sohn, während Max die Verfolger aufhält…

Nach MAD MAX 2 - DER VOLLSTRECKER wollten weder das Team George Miller und Byron Kennedy noch Mel Gibson einen weiteren Film mit dem verrückten Max drehen. Sie mögen es vielleicht sogar ernst gemeint haben, aber die Regeln in Hollywood sehen etwas anderes vor und so dauerte es nur bis zum Jahr 1983, dass Miller und Kennedy begannen, über MAD MAX 3, wie der Film zu dem Zeitpunkt heißen sollte, nachzudenken. Miller und Kennedy gaben ihre Absicht, einen dritten Teil zu verwirklichen, im Juni 1983 bekannt. Kurz zuvor hatte sich Miller mit seinem Ko-Autor Terry Hayes zu einem Abendessen verabredet. Als alte Freunde wollten sie über alte Zeiten und neue Erfahrungen sprechen. An einen dritten MAD MAX hatten sie nicht zwangsläufig gedacht, aber Hayes stellte in dem Raum, dass Max in einem dritten Teil einen Stamm Kinder zurück in die große Stadt führen müsste. Miller gefiel die Idee und aus diesem Gespräch entspann sich das Grundgerüst dessen, was später MAD MAX - JENSEITS DER DONNERKUPPEL werden sollte. Aufgrund des Erfolgs des Vorgängers war es leicht, ein Budget für diesen Film zu bekommen. Warner zeigte Interesse und so konnte Miller diesmal mit zwölf Millionen Dollar arbeiten. Das Projekt stand und fiel jedoch mit Mel Gibson, bei dem man nicht wusste, ob er sich zieren würde, ein drittes Mal Max Rockatansky zu spielen. Dessen Agent stellte eine immens hohe Forderung: eine Million Dollar Gage. Ob Gibson und sein Agent damit gerechnet hatten, dies auch wirklich zu bekommen? Miller und Kennedy schlugen jedoch ein, da sie der Meinung waren, dass Gibson jeden Cent davon wert war. Das machte den Star zum ersten australischen Schauspieler, der jemals eine Gage von einer Million Dollar erhalten hat.

Während an der Geschichte des Films gefeilt wurde, ereignete sich jedoch ein Unglück. Byron Kennedy kam bei einem Helikopterabsturz ums Leben. Zu dem Zeitpunkt hatte der Film seinen schlussendlichen Titel schon erhalten, aber alle Beteiligten fragten sich, ob es richtig war, mit dieser Produktion fortzufahren. Miller und Gibson, die persönlich mit

RANDNOTIZ

DAS RÄTSEL UM DEN GYRO CAPTAIN

Dadurch, dass Bruce Spence auch im dritten Teil einen Piloten spielt, gab und gibt es Spekulationen, dass der Gyro Captain und Jedediah ein und dieselbe Person sind. Das kann jedoch nicht sein, da sich Max und Jedediah hier offenbar nicht kennen. Andernfalls hätte es bei den gemeinsamen Szenen einen Moment des Erkennens geben müssen. Dementsprechend sind der Gyro Captain und Jedediah zwei Personen, ähnlich etwa Sergio Leones Dollar-Trilogie, in der Gian Maria Volonte und Lee Van Cleef auch mehrmals in unterschiedlichen Rollen dabei sind.

Diese Kinder brauchen keinen Helden, sondern einen Mann, der sie nach Hause führt: ins Überübermorgenland.

Kennedy befreundet waren, entschlossen sich schließlich dazu, da sie glaubten, dass dies in Kennedys Sinne sein würde.

Vielleicht war es auch dieser Tod, der einen jungen Mann aus dem Leben riss und der Miller und Hayes darüber nachdenken ließ, ob Max in diesem dritten Film sterben sollte. Tatsächlich gingen sie zuerst von der Prämisse aus, dass Max hier sterben sollte, aber je mehr sich die Geschichte entwickelte, umso klarer wurde, dass dies nicht der richtige Abschluss war. So dachten sie auch darüber nach, Max am Ende verschwinden zu lassen, so dass niemand jemals mehr von ihm gehört hätte, aber in der Drehbuchentwicklung lief es dann doch auf das aus dem Film bekannte Ende hinaus.

Der Film spielt 15 Jahre nach dem zweiten Teil. Diese Zeit benötigten Miller und Hayes, um zu zeigen, dass die Zivilisation sich wieder langsam entwickelt, dass die Welt sich wieder erholt und dass Max sich verändert hat. Der Max dieses Films ist älter, klüger, weiser - und ein Mann, der nicht mehr einfach so töten kann, wie sich am Beispiel Blaster zeigt.

Zwischen Ankündigung und Drehstart von MAD MAX - JENSEITS DER DONNERKUPPEL verging ein Jahr. In der Zeit hatte sich Miller entschieden, dass er nicht alleine Regie führen wollte. Der richtige Mann hierfür war George Ogilvie, den Miller schon von einer Zusammenarbeit an einer Episode der Fernsehreihe THE DISMISSAL kannte. Ogilvie war Schauspieler, sattelte dann jedoch aufs Regiefach um und machte sich im Lauf der Jahre am Theater einen Namen. Miller stellte sich die Zusammenarbeit interessant vor, da mit Ogilvie weitere Ideen hereinkommen würden. Zudem wollte er Ogilvie stärker bei den Charakterszenen inszenieren lassen, während er sich um die großen Actionmomente kümmerte.

Mit dem höheren Budget konnte sich Miller diesmal auch einen Star leisten. Zudem erinnerte er sich daran, dass schon beim zweiten Teil von manchem bemängelt wurde, es hätte Rockmusik geben müssen. Mit dem Part der Aunty Entity an der Hand wollte er Tina Turner, die 1982 zu einem fulminanten Comeback gekommen war, überzeugen, in seinem Film mitzuspielen. Und nicht nur das, sie sollte auch noch zwei Songs zum Besten geben. Da die Sängerin schon lange davon träumte, eine starke Rolle in einem starken Film zu spielen, war sie ob des Angebots sehr erfreut. Sehr schnell wurde man sich einig, so dass der Vertrag unterschrieben werden konnte.

In Vorbereitung auf ihre Rolle kam auch George Ogilvie wie gerufen. Ogilvie war dafür bekannt, dass er in Australien Schauspiel-Workshops veranstaltete. Darüber hatten sich auch Miller und Ogilvie kennen gelernt, als für THE DISMISSAL ein solcher Shop vonnöten war. Im Vorfeld der Produktion fiel es nun Ogilvie zu, Tina Turner auf ihre Rolle vorzubereiten.

Turner war nicht die einzige Musikerin, die sich vor der Kamera wiederfand. Für den Film wurde auch Angry Anderson, Sänger der australischen Band Rose Tattoo verpflichtet, der ein großer Fan der ersten beiden Filme ist und von sich aus auf Miller zutrat. Der hatte sofort die richtige Rolle für den Sänger parat: Ironbar.

Da Miller die Arbeit mit Bruce Spence mochte

RANDNOTIZ

ABGESOFFEN

Die Szenen mit dem Flugzeugwrack wurden auf den Sandhügeln von Kurnell gedreht. Heutzutage existieren diese Hügel nicht mehr. Nicht nur wurden sie durch konstante Minenarbeiten vernichtet, nein, 1996 wurde dort auch ein künstlicher See angelegt.

**Max weiß, wie man sich Ärger einbrockt. Damit sorgt er in Bartertown dafür, dass er sich in der Donnerkuppel wiederfindet.
Rechts: Sänger Angry Anderson ist als Ironbar ein physischer Gegner für Max.**

ENTFALLENE SZENEN

Zwei Szenen wurden für den Film gedreht, dann jedoch entfernt. In einer bringt Max den sterbenden Gekko auf die Spitze einer Sanddüne, von wo aus man die Lichter von Bartertown sehen kann und erzählt ihm, dass sie das Überübermorgenland erreicht haben. In der anderen träumt Max von seiner ermordeten Familie, wacht auf und weint, weil er erkennt, dass er zu dem geworden ist, was er als Polizist einst jagte.

und auch das Publikum auf ihn gut reagiert hatte, wurde der Schauspieler für den dritten Teil zurückgebracht. Allerdings verwirrte Miller das Publikum damit auch, denn Spence spielte eine andere Figur, die aber wiederum jener aus dem zweiten Teil sehr ähnlich war. Für die übrigen Rollen der Kinder musste man ohnehin auf Newcomer setzen, hatte aber 2.000 hoffnungsvolle Kandidaten, aus denen man auswählen konnte. Gerade für die Kinder wurden die Dreharbeiten übrigens besonders stressig, denn sie erhielten pro Woche auch noch 20 Stunden Unterricht von einem eigens für die Produktion abgestellten Lehrer.
Insgesamt wurden 52 Kinder im Alter von sechs bis 16 Jahren ausgewählt. Man bereitete sie mit zwei Monate dauernden Workshops auf ihre Rollen vor und erklärte ihnen, wie es um die Welt von MAD MAX bestellt ist.
Die Dreharbeiten zu MAD MAX - JENSEITS DER DONNERKUPPEL begannen im September 1984. Der Großteil der Dreharbeiten fand in der Bergbaustadt Coober Pedy statt. Die Stadt war perfekt, weil in der Nähe eine Eisenbahnstrecke war, die man für das Finale des Filmes benutzen wollte. Als Kulisse für

RANDNOTIZ

GEORGE MILLER ÜBER

DEN 3. TEIL:
„Die Lektion, die Max aus dem zweiten Film gelernt hat, ist, dass kein Mensch eine Insel ist. Dass man Teil einer Gemeinschaft sein muss. Etwas, das er im dritten Teil umsetzt. Einer der Gründe, warum wir diesen Film gemacht haben, ist, dass wir die Figur bis an ihre Grenzen ausloten wollten. Er erlebt eine sehr viel größere Reise in diesem Film als in den vorherigen."

BARTERTOWN:
„Bartertown ist im Grunde ein mittelalterliches Dorf, eine Feudalgesellschaft, von Mauern umgeben und mit harter Hand regiert, das aber zum Wohl der Allgemeinheit, was besser ist als das, was zuvor kam. Der Ort repräsentiert jene Art von Welt, in der man sich seinen eigenen Weg bahnen muss. Bartertown ist wie New York, wie Los Angeles, wie jede andere Stadt auch."

DIE DONNERKUPPEL:
„Sie ist eine Kombination aus Circus, religiösem Spektakel und dem Super Bowl. Die Menschen in Bartertown lieben die Donnerkuppel, weil sie Entertainment bietet."

DIE KINDER:
„Wir wussten nicht, wohin wir mit der Geschichte gehen sollten. Als wir beim Dinner saßen und uns über ein anderes Drehbuch unterhielten, erzählte Terry Hayes von seiner Idee eines Stamms verlorener Kinder und ich meinte, dass er uns damit genau das gibt, was wir für MAD MAX - JENSEITS DER DONNERKUPPEL brauchen. Weil sie Kinder sind, repräsentieren sie die Hoffnung, was dem Film ein hohes Maß an Optimismus verleiht. Kinder glauben, dass die Dinge sich bessern können. Während wir also eine verheerte Welt sehen, sehen sie etwas Magisches, fast Göttliches. Eine Geschichte wie diese erlaubt es, diese komplexe Welt zu verstehen und daraus eine simple Parabel zu machen."

AUNTY ENTITY:
„Sie war wahrscheinlich die Anführerin einer Gang, die irgendwann erkannte, dass sie nicht länger wie Wanderheuschrecken leben und alles vertilgen können, weil nichts Neues nachkommt. Sie sagte sich also: Warum sollten wir diesen Mann, der Vieh züchtet oder Ackerbau betreibt, töten und nehmen, was ihm gehört, wenn wir ihn auch beschützen können, wir unseren Anteil bekommen und er im Jahr darauf erneut Ernte einfährt? Um das zu erreichen, muss sie eine gewisse Intelligenz haben und als Figur positiver sein. Sie kann nicht einfach nur ein melodramatischer Schurke sein."

Aunty Entity herrscht über Bartertown und hat eine Art neue Zivilisation errichtet, die sich von der alten nicht allzu sehr unterscheidet. Die Kämpfe in der Donnerkuppel sind das einzige Entertainment, das es für Bewohner gibt.

Bartertown dienten die Breakaways, eine Gegend, die vor Jahrmillionen ein See war. Außerdem in Blackheath in den Blue Mountains von New South Wales die Szenen in dem Ort, an dem die Kinder leben. Problematisch war dabei, dass es recht kalt war, während die Kinder nur mit ein paar Fellen leicht bekleidet waren. Zudem wurde nahe Botany Bay gedreht, wo die Wüstenszenen absolviert wurden und wo man auch das Flugzeugwrack deponiert hatte. Letzteres lag in der Einflugschneise eines Flughafens und gab Passagieren ankommender und abreisender Flugzeuge doch kräftig zu denken.

Bartertown, die mit Abstand größte Kulisse für den Film, wurde in einem Steinbruch errichtet. Die Entwürfe für die Stadt kamen von Illustrator Ed Verreaux. Der hatte auch die Designs für das vom Atomkrieg verheerte Sydney entworfen, das in einem Maßstab von 1:35 aufgebaut wurde.

Die Dreharbeiten verliefen nicht unproblematisch. Ein größeres Problem stellte Mel Gibson dar, der zu jener Zeit schon stark trank und den Morgen mit Bier begann. Das sorgte immer wieder für Streitigkeiten, auch wenn Gibson - Alkoholpegel hin oder her - vor der Kamera ganze Arbeit zu leisten imstande war. Besonders geriet Gibson jedoch mit Tina Turner aneinander, die merkte, wo der junge Schauspieler hinsteuerte und versuchte, ihn aufzurütteln. Eines Tages schickte sie ihm ein Foto von ihm selbst, auf dem die Worte standen: „Mach das nicht kaputt." Ein Rat, den er nicht so ernst nahm, wie er das hätte tun sollen.

Der dritte Film ist weit weniger motorisiert als die ersten beiden. Das hieß, dass mehr mit Tieren gearbeitet werden musste. In der Unterwelt von Bartertown befanden sich 600 Schweine, wobei dafür eine Sondererlaubnis notwendig war, da gewisse gesundheitliche Gefährdungen befürchtet wurden. Miller war froh, dass er seine Schweine behalten konnte, denn mit Hühnern, so der Regisseur, wäre das deutlich weniger beeindruckend gewesen. Und Gibson hätte ohnehin lieber Rinder vorgezogen, da die weniger stinken.

Ogilvie musste die Anfangssequenz drehen, in der Max von seinem Wagen heruntergestoßen wird und die Dromedare durchgehen. Das Problem war nur, dass die Dromedare nicht durchgehen wollten. Sie setzten sich entweder in gänzlich andere Richtung in Fahrt oder aber liefen um den Wagen herum. Das ließ Ogilvie fast verzweifeln, der mehr als 20 Versuche benötigte, bis er die Szene endlich im Kasten hatte.

Letzten Endes ändert sich für Max nie etwas: Er ist immer der einsame Einzelgänger ohne jegliche Bindungen.

RANDNOTIZ

DIE QUAL DER WAHL

Da Max seinen Vertrag mit Aunty Entity bricht, muss er am Rad des Schicksals drehen. Ein Glücksrad ist das nicht, stehen die Chancen doch schlecht, dass sich daraus ein gutes Ende entwickelt. Zur Auswahl stehen: **Tod, Schwerstarbeit, Freispruch, Gulag, Auntys Wahl, Dreh nochmal, Verlust allen Besitzes, Unterwelt, Amputation, Lebenslängliche Haft.**

Man wollte in diesem Film nicht ganz auf Autos verzichten. Am Ende gibt es eine Actionsequenz, die jener aus dem zweiten Teil gleicht und in der Methangetriebene Wagen zum Einsatz kommen. Bei diesen wurde deutlich mehr Wert auf Sicherheit gelegt, so dass man verstärkt Überrollbügel anbrachte. Für den Film kamen 40 Stuntleute zum Einsatz, der Großteil hierfür für das Finale. Aufgrund größerer Sorgfalt ging es diesmal ohne größere Verletzungen einher. Lediglich ein Stuntman, Vic Wilson, hatte Pech. Er sollte mit seinem Wagen durch eine Flammenwand fahren, wobei er sich an Arm und Schulter Verbrennungen zuzog und ins Krankenhaus gebracht werden musste. Seine Verletzungen waren aber nicht so schwer und so erholte er sich sehr schnell.

Schwierig war auch die Szene, in der der auf den Schienen fahrende Truck mit einem anderen Wagen kollidiert und ein Feuerball das Ergebnis ist. Für die Umsetzung dieser Szene wurden sechs Kameras eingesetzt, um möglichst viel Material für den späteren Schnitt zusammenzubekommen. Es dauerte Stunden, den Stunt vorzubereiten. Extreme Präzision war hier vonnöten, wobei man mit Computerhilfe den genauen Ablauf berechnete. Alles war vorbereitet - und dann musste der Stunt doch abgeblasen werden, denn die Eisenbahnstrecke war nicht stillgelegt und ein Zug kam durch. Erst am zweiten Tag konnte man diese waghalsige und gefährliche Szene unter Dach und Fach bringen.

Die größte Actionsequenz des Films ist jedoch der Kampf in der Donnerkuppel, für den sich Stuntchef Grant Page und Kollege Mike Wood etwas Besonderes einfallen ließen. Die beiden Kontrahenten agieren hier an elastischen Seilen, so dass sie sich vom Boden abstoßen und somit durch die Luft schwingen können, was der Szene eine Dynamik verleiht, die man so noch nie zuvor in einem Realfilm gesehen hat. Zum Einsatz kamen hier Druckluftzylinder, die das Tempo forcieren sollten. Eine der letzten Arbeiten war das Drehen in der Modelkulisse von Sydney, was für Kameramann Dean Semler, der nach dem zweiten Teil wieder mit von der Partie war, etwas gänzlich Neues darstellte. Besonders herausfordernd war hier die Ausleuchtung und die Wahl der richtigen Kameralinse, da die Schärfenverhältnisse bei einem Modell gänzlich anders als bei echten Locations sind.

Die Dreharbeiten zum Film endeten im Dezember 1984, der Kinostart folgte im Sommer des nächsten Jahres. Premiere feierte der Film in den USA, während er in seiner Heimat Australien erst mit einmonatiger Verspätung anlief.

An der Kinokasse erwies sich MAD MAX - JENSEITS DER DONNERKUPPEL als Erfolg. Alleine in den USA spielte er mehr als 36 Millionen Dollar an der Kinokasse ein. Auch in den anderen Territorien lief der Film gut, was vielleicht auch daran lag, dass er ohne Zensureinschränkungen ausgewertet werden konnte. Auch hier zu Lande war dies der erste Film der Reihe, der keine FSK-18-Freigabe verpasst bekam.

Was einen möglichen vierten Teil betrifft, so erklärte Miller, dass er sich das durchaus vorstellen könnte, und Terry Hayes meinte, es bedürfe der richtigen Geschichte. Mel Gibson wiederum wusste, dass er mit dem Endzeithelden fertig war. Er hatte mit LETHAL WEAPON - ZWEI STAHLHARTE PROFIS (LETHAL WEAPON, 1987) einen weiteren Hit an der Hand, der serienfähig war, und kein Bedürfnis noch einmal Max Rockatansky zu spielen. Jahre später offerierte man ihm eine Millionengage und er lehnte dennoch ab. Damit waren auch Millers Überlegungen einen vierten Teil betreffend ad acta gelegt. Aber nicht für immer!

Es gibt deutlich weniger Motorisierung in MAD MAX - JENSEITS DER DONNERKUPPEL, das Finale mit dem Zug und den ihn verfolgenden Vehikeln ist jedoch ein Traum für jeden Action-Fan.

RANDNOTIZ

TERRY HAYES ÜBER

DEN DRITTEN TEIL:
„Bartertown ist wirklich nur ein Abbild unserer eigenen Welt, einer Welt, die vital, lebendig, witzig, grimmig und total auf Kommerz und Handel ausgerichtet ist. Es gibt Bars, eine Art von Technologie, Industrie und dergleichen mehr. Die Menschen versuchen, ihr Leben so gut wie möglich zu leben. Spiritualität interessiert praktisch niemanden. Natürlich ist es eine etwas überzeichnete Version unserer eigenen Welt. In Filmen sucht man nicht nach der Reflektion von Bekanntem, sondern nach der Essenz. Filme sind in gewisser Weise der Poesie sehr nahe, wo man immer versucht, aus einem Minimum an Worten ein Maximum an Aussage zu erschaffen. Bei Film versucht man, mit einem Minimum an Bildern ein Maximum an Aussage zu erzeugen."

CRACK IN THE EARTH:
„Crack in the Earth ist ein Ort, der sehr idyllisch und auf seine Art mystisch erscheint. Man könnte meinen, dass Spiritualität hier stark vorhanden ist, aber tatsächlich sind es Aberglaube, brüchiges Wissen und Ignoranz. Dieser Ort sieht wunderbar aus und repräsentiert den Traum eines jeden Kindes, ohne Erwachsene aufzuwachsen. Aber wenn man darüber nachdenkt, dann erkennt man, dass eine Welt wie diese sich nicht entwickeln kann. Crack in the Earth könnte niemals eine Evolution durchmachen, weil es dort kein Wissen gibt, weil die Kinder zwei und zwei nicht zusammenzählen können, weil die kognitive Fähigkeit fehlt, Zusammenhänge zu erkennen. So wunderschön der Ort auch sein mag, so ist er letzten Endes so öde wie Bartertown."

MAX' NATUR:
„Die Funktion jedes Dramas ist, etwas über Menschen zu enthüllen. Der erste Moment, in dem Max' wahre Natur zum Vorschein kommt, ist in der Donnerkuppel, als er sich dagegen entscheidet, etwas zu tun, das er für amoralisch hält. Ich glaube, dass Max sich in diesen Momenten auch ärgert, dass dieser Schimmer von Menschlichkeit, von Mitleid, noch immer in ihm ist. Der zweite Moment, der Max auch innerlich ärgert, kommt, als er den Kindern in die Wüste folgt. Doch als der dritte Moment kommt, da gibt es in Max' keinen Ärger mehr. Er lässt alles Weltliche hinter sich und tut etwas für andere, wohlwissend, dass - auch wenn er überlebt - er verloren ist. Er weiß, dass er im besten Fall im Ödland gestrandet ist. Zu tun, was er tun muss, ist für Max hart, weil er diese Kinder zu lieben gelernt hat. Ich glaube, er würde sie am liebsten begleiten."

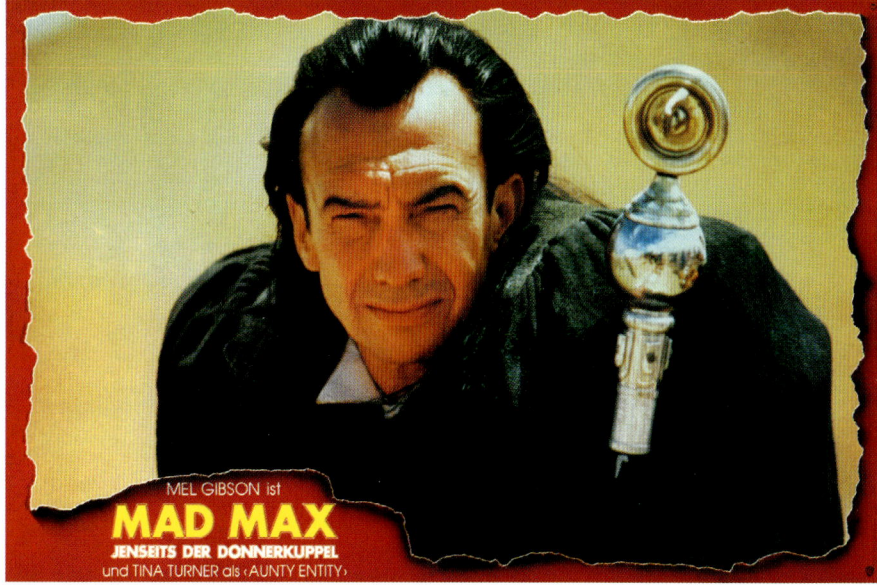

KOMMENTAR

Mit dem dritten Film folgte Miller dem eingeschlagenen Weg, einen mythischen Helden zu erschaffen. Auch hier ist es der Max der ersten Filme. Oder besser: Eine Facette von ihm. Denn in mancherlei Hinsicht ist er ein anderer. Am Offensichtlichsten ist dabei, dass er ein unversehrter Mann ist. Die eiserne Beinschiene, die er im zweiten Teil trug, fehlt. Ein kaputtes Knie, wie er es jedoch hatte, heilt nicht mehr. Was Max' innere Reise betrifft, so wird diese aus dem zweiten Teil fortgesetzt. Es sind viele Jahre vergangen, in denen er vermutlich ein Leben führte, so wie er es auch in MAD MAX 2 - DER VOLLSTRECKER hatte: einsam, inmitten des Nichts, mehr eine leere Hülle denn ein Mann. Max ist hier deutlich älter. Während in der realen Welt nur drei Jahre vergehen, bevor die Trilogie ihren Abschluss fand, muss in der Chronologie der Reihe sehr viel mehr Zeit vergangen sein.

Nur so erklären sich die Kinder und Halbwüchsigen, die nichts mehr von der alten Welt wissen. Oder Bartertown, mit dem die Zivilisation - oder zumindest ein Abbild derselbigen - zurückkehren soll. Hinzu kommt, dass man nun auch erfährt, dass es einen nuklearen Krieg gegeben hat. Max wird Wasser angeboten, aber es ist verstrahlt. Ob es diesen Atomkrieg schon gab, als der zweite Film einsetzt, ist unklar. Es steht jedoch zu vermuten. MAD MAX - JENSEITS DER DONNERKUPPEL unterscheidet sich formal beträchtlich von seinen Vorgängern. Der Film hat einen weniger realistischen Anstrich und erscheint mehr wie ein Vertreter des Fantasy-Genres. Dieser Eindruck entsteht bei den Kostümen, aber auch der Geschichte mit den Kindern, die eine Metapher für die Unschuld sind, auf der eine echte Zivilisation neu gegründet werden könnte. Dem Fantasy-Aspekt zuträglich sind Elemente wie der Treibsand inmitten der Wüste, der eher anmutet, als würden sich unter jemandem Löcher im Erdboden öffnen. Da ein MAD MAX-Film ohne Autos aber wohl undenkbar ist, gibt es am Ende dann doch noch eine Verfolgungsjagd, die einwenig an das Finale des zweiten Teils erinnert, aber ebenfalls unwirklicher erscheint, da die Wagen mit real existierenden Autos kaum noch Ähnlichkeiten aufweisen.

Max wird verurteilt, in der Wüste zu sterben - und ganz Bartertown ist gekommen, um seiner Vertreibung beizuwohnen.

Aunty Entity (Tina Turner) ist hinter Max und den Kindern her. Aber eigentlich will sie nur Master, der sie begleitet. Denn ohne Master fehlt Bartertown die Energieversorgung.

Deutsches Kinoplakat (EA) von 1985
Verleih: Warner Bros.

Stabangaben: Australien 1985	98 Minuten
US-ERSTAUFFÜHRUNG:	10.07.1985
DEUTSCHE ERSTAUFFÜHRUNG:	26.09.1985

REGIE: George Miller & George Ogilvie • DREHBUCH: Terry Hayes, George Millert • SCHNITT: Richard Francis-Bruce • MUSIK: Maurice Jarre • KAMERA: Dean Semler • PRODUKTION: George Miller • ORIGINALTITEL: Mad Max Beyond Thunderdome • EINSPIEL-ERGEBNIS WELTWEIT: $ 36 Millionen Dollar
DARSTELLER:

Mel Gibson	Max Rockatansky
Tina Turner	Aunty Entity
Angry Anderson	Ironbar
Frank Thring	Collector
Helen Buday	Savannah Nix
Angelo Rossito	Master
Bruce Spence	Jedediah
Edwin Hodgeman	Dr. Dealgood
Paul Larsson	Blaster
George Spartels	Blackfinger
Adam Cockburn	Jedediah Jr.
Mark Kounnas	Gekko
Rod Zuanic	Scrooloose
Justine Clarke	Anna Goanna
Shane Tickner	Eddie
Toni Allaylis	Cusha
James Wingrove	Tubba Tintye
Adam Scougall	Finn McCoo
Tom Jennings	Slake

Mehr als überraschend ist die gänzlich andersartige Musik, die schon in den ersten Momenten mit einem Didgeridoo aufwartet. Zugegeben, Brian Mays dissonante Töne hätten bei diesem Film vielleicht weniger Wirkung gehabt. Maurice Jarres Musik ist wiederum das genaue Gegenteil. Er hat wunderschöne, erhebende und stimmungsvolle Melodien ersonnen, die auf der einen Seite zum Film passen, auf der anderen Seite auch für sich ein echter Hörgenuss sind. Und dennoch ist es natürlich auch die Musik, die den Unterschied des dritten zu den beiden Vorgängerfilmen besonders stark verdeutlicht.

Dies wird natürlich noch durch Tina Turners Songs akzentuiert. Sie gehören zu den besten Arbeiten, die die Sängerin in ihrer langen Karriere abgeliefert hat, und dennoch sind auch sie nicht wirklich das, was man bei einem MAD MAX-Film erwarten würde.

Miller selbst hat sich auch verändert. Er hat einen sehr viel gelackterten, deutlich schöneren Film abgeliefert, der sich sogar durch die Schnitt-Technik unterscheidet. Er benutzt Wischblenden, wie sie durch die STAR WARS-Filme populär wurden. Das steht natürlich in krassem Kontrast zum Schnitt, wie er in den ersten beiden Filmen gehandhabt wurde.

Ein verbindendes Element zum direkten Vorgänger ist aber immerhin Dean Semler, der als Chefkameramann großartige Bilder einfängt. Sei es die Enge der Unterwelt von Bartertown, das kleine Paradies der Kinder oder die große Verfolgungsjagd am Ende, Semler ist immer auf der Höhe seines Könnens und fängt Bilder ein, deren Strahlkraft man nur bewundern kann.

Das Ende des Films ist so gestaltet, dass Max wieder alleine zurückbleibt. Er führt die Kinder ins gelobte Land, ins Überübermorgenland, wenn man so will, aber er selbst kann es nicht betreten. Es ist ein passendes Ende für diesen Film, wenngleich kein passendes Ende für Max Rockatansky. Was fehlt, ist ein Abschluss, ein Film, der zeigt, wie Max' Leben endete. Über Jahre hinweg hoffte man auf eine Fortsetzung, es wird sie auch geben, aber nicht mehr mit Mel Gibson, so dass dieses Kapitel der MAD MAX-Saga mit JENSEITS DER DONNERKUPPEL beendet ist.

TINA TURNER

Ihr bürgerlicher Name ist Anna Mae Bullock. Geboren wurde Tina Turner am 26. November 1939 in Nutbush, Tennessee. Ihre Mutter Zelma war eine Fabrikarbeiterin, ihr Vater Floyd Richard ein baptistischer Seelsorger und Fabrikarbeiter. Sie hat eine jüngere Schwester, die mit ihren Eltern nach St. Louis in Missouri zog, während Tina bei ihrer Großmutter gelassen wurde. Erst als Teenager kam sie wieder zu ihrer Familie, nachdem ihre Großmutter verstorben war. In St. Louis besuchte sie die Sumner High School. Mit ihrer Schwester besuchte sie Nachtclubs, wo sie den Musiker Ike Turner kennen lernte. Sie fragte ihn, ob sie für ihn singen könnte und im Alter von 18 Jahren war sie dann Teil von Turners Band. 1960 hatte sie mit „A Fool in Love" einen Erfolg, woraufhin Ike ihren Vornamen in Tina änderte. Zugleich erhielt auch seine Band einen neuen Namen. Die Ike & Tina Turner Revue war geboren. 1962 heirateten beide in Tijuana

In den 60er und 70er Jahren waren beide Stars, passten sich dem musikalischem Geschmack an und sie eignete sich eine Bühnen-Persona an, die die Massen in Ekstase versetzte. Zu Beginn der 70er Jahre begann nicht nur ihre Popularität zu bröckeln, auch ihre Ehe verschlechterte sich. Ike nahm Drogen und wurde auch handgreiflich. 1974 nahm Tina Turner ihr erstes Solo-Album auf, das jedoch kein Erfolg wurde. Schon im nächsten Jahr gab es mit „Acid Queen" ihr zweites Album, das mit ihrer Darstellung in der Rock-Oper TOMMY (TOMMY, 1975) einherging. Wenig später trennte sie sich von Ike, wobei die Scheidung 1978 offiziell wurde. Sie war nun eine Solo-Künstlerin. Zum Ende der 70er Jahre versuchte sie sich an Rock- und Disco-Alben, die jedoch nicht besonders erfolgreich waren. Erst 1983 hatte sie mit „Let's Stay Together" einen Hit. Ihr Comeback war in vollem Gange. Singles ihres neuen Albums wurden weltweit zu Hits. Sie war als Queen des Rock'n'Roll plötzlich so popular wie praktisch nie zuvor. In jener Zeit kam auch das Angebot, eine Rolle in MAD MAX - JENSEITS DER DONNERKUPPEL zu spielen, das sie ohne zu zögern annahm. Für den Film nahm sie zwei Songs auf, die sich zu Hits entwickelten.

In den 80er Jahren veröffentlichte sie ihre Autobiographie „I, Tina" und erhielt einen Stern auf dem Hollywood Walk of Fame. Zudem tourte sie durch die Welt und entwickelte weitere Hit-Singles. 1993 verfilmte man ihre Lebensgeschichte mit WHAT'S LOVE GOT TO DO WITH IT? (WHAT'S LOVE GOT TO DO WITH IT), in dem Angela Bassett sie und Laurence Fishburne Ike Turner spielte. Turner sang den Titelsong für den James-Bond-Film GOLDENEYE (GOLDENEYE, 1995) und zog sich im neuen Jahrtausend von der Bühne zurück - wenn auch nicht ganz. Gelegentlich gibt sie Benefizkonzerte und war auch zu ihrem 50-jährigen Bühnenjubiläum im Jahr 2008 aktiv.

Turner zog 1985 nach London, lebte später in Köln und ging dann nach Zürich. Heutzutage verbringt sie ihre Zeit in einer Villa außerhalb Nizza, in England und in der Schweiz.

RANDNOTIZ

BYRON KENNEDY ÜBER

DEN DRITTEN TEIL:
„Der Sprung vom zweiten zum dritten Film ist ein enormer, genauso wie es vom ersten zum zweiten Film hin war. Das ergibt sich aus dem, was wir während der Produktion der vorherigen Filme gelernt haben. Einige der Ideen, die wir für den dritten Film haben, gehen mehr in eine traditionelle Science-Fiction-Richtung. Für Australier wird es besonders interessant, denn wir denken darüber nach, die Figur aus dem Ödland zurück in die Stadt zu bringen. Wir wollen Max in Sydney nach dem Kollaps zeigen. Die Menschen werden in diesem Film sehr viel mehr hineindeuten können."
Gibt es in Max' keinen Ärger mehr. Er lässt alles Weltliche hinter sich und tut etwas für andere, wohlwissend, dass - auch wenn er überlebt - er verloren ist. Er weiß, dass er im besten Fall im Ödland gestrandet ist. Zu tun, was er tun muss, ist für Max hart, weil er diese Kinder zu lieben gelernt hat. Ich glaube, er würde sie am liebsten begleiten."

TERRY HAYES ÜBER

DEN DRITTEN TEIL:
„Es gibt ein wunderschönes Sprichwort, von dem ich nicht weiß, wer es sagte und das nicht durch diesen Film entstand, aber das so herrlich passt: Eine Welt ist bereits tot, die andere nicht in der Lage geboren zu werden. Die bereits tote Welt ist Bartertown, die Welt, die nicht geboren werden kann, ist Crack in the Earth. Der Mann, der zwischen diesen Welten wandelt, der Katalysator der Geschichte, ist Max. Er nimmt, was gut und positiv an Crack in the Earth ist - die Unschuld, die Spiritualität - und verbindet dies mit der realen Welt. Wir sehen nicht die alte Stadt, die einfach wieder aufgebaut wird. Vielmehr entsteht aus der Asche der alten Welt etwas Neues. Diese Kinder haben, was auch immer das ist, geerbt - und sie unterscheiden sich stark von uns. Sie sind besser auf die Zukunft vorbereitet als jeder andere in Bartertown."

ANGELO ROSSITO

Angelo Salvatore Rossitto war nur 89 cm groß. Er wurde am 18. Februar 1908 in Omaha, Nebraska, geboren und war über 60 Jahre hinweg als Schauspieler aktiv. Davon leben konnte er aber nie. Darum betrieb er in Hollywood einen Zeitschriftenstand, der ihm ein Auskommen sicherte.

Als Schauspieler wurde er schon zur Stummfilmzeit aktiv, war häufig neben Stars wie Lon Chaney, John Barrymore und Bela Lugosi zu sehen und doubelte bei Stuntszenen Shirley Temple. Eine seiner größten Rollen war die eines Freaks in Tod Brownings berüchtigtem FREAKS (FREAKS, 1932). Am bekanntesten war er aber wohl als Informant Little Moe in der Serie BARETTA (1975-1977) und durch seinem Auftritt als Master in MAD MAX - JENSEITS DER DONNERKUPPEL. Damals war er bereits 77 und fast schon blind.

Für Ralph Bakshi war er in DER HERR DER RINGE (THE LORD OF THE RINGS, 1978) tätig und spielte einen Hobbit, was aber später per Rotoskop-Verfahren natürlich übermalt wurde. Seine letzte Rolle absolvierte er 1987 in Jeff Burrs DIE NACHT DER SCHREIE (FROM A WHISPER TO A SCREAM). Im Jahr 1991 verstarb Rossitto an den Komplikationen einer Operation.

Master und Blaster bilden eine Einheit. Der Kleine ist das Gehirn, der Große der Muskel. Gemeinsam herrschen sie über Bartertown.

MAD MAX: FURY ROAD

Obschon Max Rockatansky sein letztes Abenteuer im Jahr 1985 erlebte, gab es immer wieder Bestrebungen, die Figur zurück auf die Leinwand zu bringen. George Miller arbeitete viele Jahre - und oftmals vergeblich - dafür, in die Endzeit zurückzukehren. 1998 gab es dann einen Silberstreif am Horizont. Weithin wurde berichtet, dass George Miller einen Deal mit Universal Pictures geschlossen hatte, um sowohl den vierten Teil zu produzieren als auch zu inszenieren.

Damals war noch unklar, ob Gibson die Rolle noch einmal spielen würde. In der Anfangsphase, als die ersten Nachrichten in Bezug auf MAD MAX IV kamen, hieß es gar, dass noch niemand auf Gibson zugetreten sei. Darüber hinaus war zu hören, dass Miller das Skript nicht selbst schreiben würde, wohl aber eine Geschichte für den Film entwickelt hatte.

Wie es immer ist, wenn die Gerüchteküche für ein solches Projekt brodelt, gab es auch eine ganze Reihe dümmlicher Meldungen. So war Ende 1998 zu hören, dass Mel Gibson nun für den Film unterschrieben hat und sogar Tina Turner anrief, um sie zu fragen, ob sie noch einmal Aunty Entity spielen würde. Einen wie auch immer gearteten Wahrheitsgehalt dieser „Nachricht" gab es natürlich nicht.

Anfang des Jahres 1999 wurde Mel Gibson dann des Öfteren gefragt, ob er denn ein weiteres Mad Max spielen würde. Er erklärte recht diplomatisch, dass er es sich vorstellen könnte, wenn die Konditionen stimmen. Ein paar Monate später hieß es dann plötzlich, Heath Ledger solle den Sohn von Mad Max spielen. Das tat er dann auch, aber im Film DER PATRIOT (THE PATRIOT, 2000) - ein übereifriger Journalist hatte schlichtweg falsch kombiniert und gedacht, Ledger und Gibson würden MAD MAX IV drehen.

Im Mai 1999 sah es dann so aus, als ob das Projekt endlich Fahrt aufnehmen würde. Anlässlich des Filmfestivals in Cannes erklärte George Miller, dass das Skript nun fertig sei und die Dreharbeiten im Jahr 2000 beginnen würden. Im Sommer 1999 gab es dann einen wahren Nachrichtensturm: In mehreren Magazinen wurde berichtet, dass Mel Gibson nun doch unterschrieben hätte, um die Figur ein viertes Mal zu spielen.

Das Jahr 2000 kam, doch von einem Drehbeginn war weit und breit nichts zu sehen und im Sommer erklärte Gibson, dass Miller vermutlich immer noch am Drehbuch arbeiten würde. Er relativierte, dass sich der Regisseur häufig sehr lange mit Projekten beschäftigte, um sie zu perfektionieren. Durch die Blume hieß dies jedoch, dass ein Drehstart im Jahr 2000 eher unwahrscheinlich war.

Etwa ein Jahr später, im Juni 2001, hieß es dann, dass Heath Ledger Interesse hätte, Mad Max zu spielen, und Mel Gibson als Produzent an dem Projekt beteiligt sei. Außerdem wollte man auch schon wissen, dass in Marokko und in Südaustralien gedreht werden würde. Im November des Jahres zeigte sich, dass Ledger nicht an dem Film beteiligt war. Zudem erklärte Miller, dass man wohl nicht in Australien drehen würde. Und Gerüchte, es würde sich um einen THE SON OF MAD MAX-Film handeln, machten die Runde. Dazu passte auch, dass man endlich einen Schauspieler auserkoren hatte, der in die Endzeit aufbrechen sollte: Brendan Fehr. Fehr war einer der Stars der sich über drei Staffeln erstreckenden SF-Serie ROSWELL. Und Miller hoffte, dass Gibson zumindest für ein Cameo am Anfang zur Verfügung stehen würde, um so quasi den Staffelstab weiterzureichen. Im März 2002 war allerdings auch wieder Heath Ledger Mittelpunkt der Gerüchteküche, nur dass er nun nicht mehr Max' Sohn, sondern den mittlerweile erwachsenen wilden Jungen aus MAD MAX 2 spielen sollte.

Die Zeit verging und im September 2002 sprach man dann davon, dass die Dreharbeiten für den Film irgendwann im Jahr 2003 beginnen würden. Im Dezember 2002 hatte man dann auch endlich einen Titel: MAD MAX - FURY ROAD.

Und George Miller erzählte einem Reporter: „Wir sind beinahe mit dem Skript fertig und hoffen, dass wir im Frühjahr 2003 mit den Dreharbeiten beginnen können. Mel ist wieder mit dabei und jeden Cent seiner Gage wert. Ich meine, wer würde schon einen MAD MAX-Film ohne Mel sehen wollen?" Und weiter erklärte er: „Mel hatte die Idee, Robert Downey Jr. für den Film zu gewinnen. Ich selbst würde gerne noch ein paar Schauspieler aus den früheren Filmen in diesem sehen, also z.B. Tina Turner oder Emil Minty."

Im Januar 2003 suchte man bereits nach Stuntmen für das aufwendige Projekt und im Monat darauf wurde als Drehbeginn der 1. Juni genannt. Zugleich legte das produzierende Studio 20th Century Fox den 23. Juli 2004 als Kinostarttermin fest. Gedreht werden sollte in Namibia und die dortige Presse berichtete dann auch zügig, als es wieder Verzögerungen gab und der Drehbeginn nach hinten verschoben werden musste. Im Mai 2003 hieß es, dass die australische Schauspielerin Georgie Shew eine Hauptrolle im Film spielen soll. Und im Sommer zeichnete sich ab, dass ein Drehstart noch in weiter Ferne lag. Grund hierfür waren Unruhen in der Region, aber auch der Wert des australischen Dollars. Elf Wochen, bevor die Dreharbeiten beginnen konnten, landete das Projekt in der Development Hell.

Im April 2004 hieß es, das Projekt sei nach wie vor in der Entstehung begriffen, zwei Monate später berichtete die Internetseite Aint-it-Cool jedoch, dass MAD MAX: FURY ROAD nicht mehr kommen würde. Schon im Juli wurden andernorts jedoch berichtet, dass der Film noch immer grünes Licht habe. Doch das war auch das Letzte, was man von MAD MAX: FURY ROAD für einige Zeit hörte.

Im Jahr 2007 erklärte Miller, dass es einen vierten MAD MAX-Film geben werde, dieser aber sicherlich noch einige Jahre entfernt sei. In den folgenden Jahren hieß es immer wieder, der Film würde kommen, dann wieder nicht, dann wieder schon. Anfang 2009 hatte MAD MAX: FURY ROAD dann eine Transformation durchgemacht. MTV berichtete, dass der Film als Anime gestaltet werden wird. Zugleich erklärte George Miller jedoch, dass eine Live-Action-Fortsetzung noch nicht ausgeschlossen ist.

Danach wurde es wieder ruhig, bis zum 24. Oktober 2009. An dem Tag gab George Millers Firma eine Pressekonferenz und kündigte offiziell an, dass MAD MAX: FURY ROAD nun produziert wird. Damals wurde bekannt gegeben, dass das Drehbuch stünde und die Dreharbeiten im August 2010 beginnen würden. Angedacht waren 30 Wochen Drehzeit, wobei man wieder in Australien, und zwar in Sydney und rund um Broken Hill drehen wollte. Der Kinostarttermin wurde noch nicht bekannt gegeben, aber es sollte irgendwann um den Mai 2012 soweit sein.

Was es ermöglichte, mit dem Film in Produktion gehen zu können, waren Subventionen des australischen Staats. Als produzierendes Studio fungiert Warner Brothers, wobei man von einem Budget ausging, das in etwa 100 Millionen Dollar umfassen soll. Miller selbst erklärte, dass man ein hohes Budget brauchte, da die Vision des Drehbuchs groß ist. Zudem erklärte er, dass es Stunts und Action geben würde, die das Publikum so noch nie zuvor gesehen hat.

Eine wichtige Frage war natürlich, ob Mel Gibson die Rolle, die ihn berühmt gemacht hatte, noch einmal spielen würde. Das musste Miller verneinen. Aber schon bald wurden zwei Hauptdarsteller genannt. Charlize Theron wird in dem Film mitspielen und Tom Hardy übernimmt die Hauptrolle. Zwar wurde anfangs nicht explizit gesagt, dass er Max spielen würde, aber das änderte sich bald. Im Rennen um die Rolle war auch Jeremy Renner, der später mit TÖDLICHES KOMMANDO (THE HURT LOCKER, 2009) weltweit bekannt wurde. Aber Miller gab dem damals noch eher unbekannten Tom Hardy den Vorzug. Hardy, ein 1977 geborener Brite, war im Jahr 2002 der Romulaner Shinzon in STAR TREK - NEMESIS (STAR TREK: NEMESIS, 2002), verschwand danach vom Radar der meisten Leute und meldete sich 2008 mit BRONSON (BRONSON, 2008) zurück. Er hatte sich körperlich verändert, hatte trainiert, war ein Hüne und spielte nun den wohl berüchtigsten Knacki Großbritanniens. Damit erregte er Aufmerksamkeit - darunter auch die von Christopher Nolan, der ihn für INCEPTION (INCEPTION, 2010) engagierte und auch für seinen neuen Film THE DARK KNIGHT RISES (THE DARK KNIGHT RISES, 2012) verpflichtete.

Nachdem die Fans mehr als ein Vierteljahrhundert auf die Rückkehr von Mad Max warten mussten, gab es dann eine Überraschung, mit der wirklich niemand gerechnet hätte: George Miller bereitet nicht nur ein, sondern gleich zwei Filme vor. Der Grund hierfür ist, dass Miller bereits konkrete Vorstellungen für eine neue Trilogie hat, das Skript zum fünften Film bereits fertig ist und man sogar schon mit dem Schreiben des sechsten Films begonnen hat. Spekulationen gab es angesichts des Titels des fünften Films, ist „furiosa" doch italienisch und weiblich belegt, so dass manche glaubten, Charlize Theron könnte im fünften Film zu einer Art Mad Maxine werden. Wenig später stellte sich dann heraus, dass Therons Figur den Namen Furiosa trägt.

Die Dreharbeiten zu beiden Filmen sollten im Juli 2010 beginnen, allerdings gab es in Australien gewaltige Regenfälle, die einer Sintflut gleich die Wüste derart gestalteten, dass man dort nicht drehen konnte und erst Zeit vergehen lassen musste, bis die Natur sich wieder regeneriert hatte. Man verschob den Drehstart also auf Februar 2011. Danach erfolgte leider eine weitere Verschiebung, diesmal um ein ganzes Jahr. So sollen die Dreharbeiten im Februar 2012 beginnen. Sorgen musste man sich jedoch machen, da kein Grund für die erneute Verschiebung gegeben wurde und der australische Dollar gerade wieder in einer Aufwärtsspirale war - genau dies, ein Umstand, der den US-Dollar praktisch abwertet und ihm damit in Australien weniger Kaufkraft gibt, sorgte schon 2003 mit dafür, dass das Projekt zu den Akten gelegt wurde.

Mittlerweile hat man Australien gleich ganz abgeschworen und wird in Namibia drehen. Sets wurden errichtet, Props und Autos gebaut, und die Dreharbeiten sollen im Juli 2012 begonnen haben. Einen Wermutstropfen gibt es aber auch: Von zwei Filmen, die back-to-back produziert werden, ist nicht länger die Rede. Man will nun wohl doch erst sehen, wie sich die 100 Millionen Dollar teure Produktion MAD MAX: FURY ROAD so schlagen wird.

Zu verschiedenen Momenten der Entwicklung hieß es, dass Charlize Therons Figur nur einen Arm haben soll. Als Stuntdouble für die Schauspielerin wurde die Olympia-Schwimmerin Anabelle Williams angeheuert, de-

Charlize Theron mit ihrem neuen Look. Sie hat sich ihre langen Haare abgeschnitten. Wohl für ihre Rolle in MAD MAX: FURY ROAD, wie zu hören war.

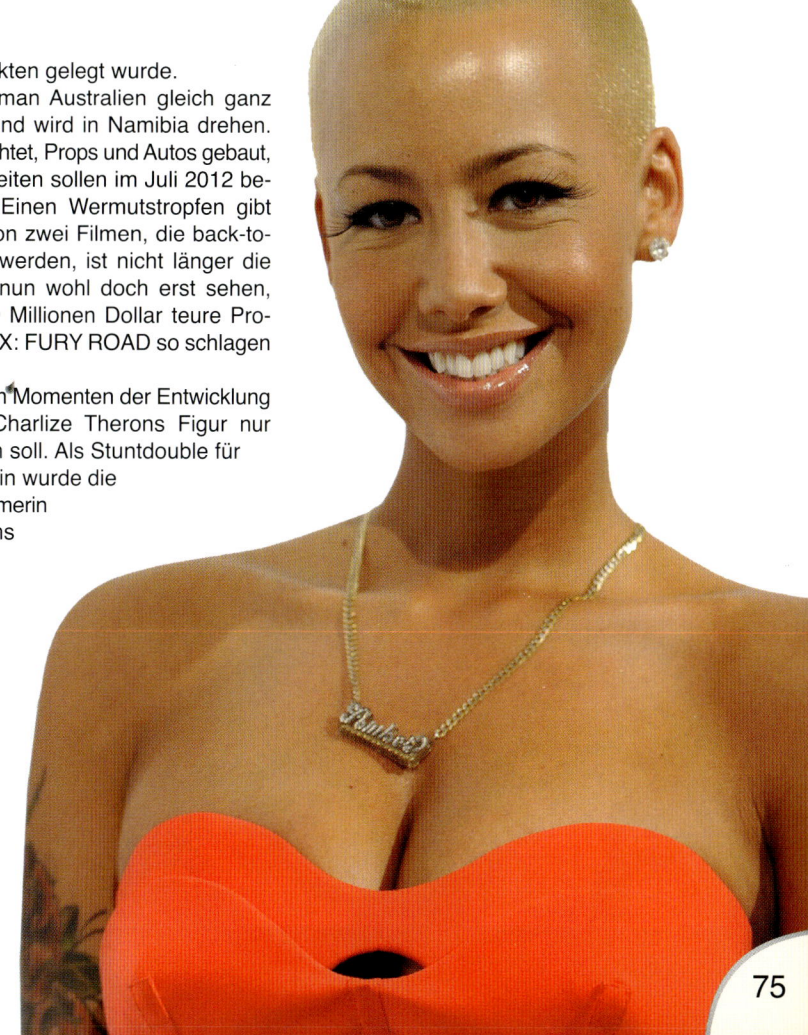

RANDNOTIZ
MAD MAX IM FERNSEHEN

1995 sollte das Franchise wieder zum Leben erwachen, auch eine höchst ungewöhnliche Art und Weise: Es gab Berichte, dass eine MAD MAX-Fernsehserie in Vorbereitung war. Verschiedene Magazine wie „Variety" berichteten 1995 davon und gaben als Premierentermin den Herbst 1996 an. Die Serie sollte den Titel MAD MAX: THE ROAD WARRIOR tragen. Wie es hieß, sollte George Miller produzieren und zumindest auch die Pilotfolge inszenieren. Warner sollte das Projekt finanzieren, wobei ein Sprecher bekannt gab, dass man zwar den ursprünglichen Filmen treu bleiben wird, aber bei der Darstellung der Gewalt etwas sensibler vorgehen muss. Man plante, die Gewalt vor allem mit Maschinen zu zeigen, d.h. Fahrzeuge, die ineinander krachen. Über die mögliche Besetzung wurde nie etwas verlautet und das Projekt verlief sehr schnell im Sand, möglicherweise auch, weil es zu jener Zeit bereits eine ganze Reihe von Action-Serien gab, die exklusiv in den Syndication-Markt, also an eine Vielzahl von regionalen Sendern, verkauft worden sind.

ren linker Arm am Ellbogen endet. In der Rolle des Nux soll Nicholas Hoult mit dabei sein. Des Weiteren wurden Zoe Kravitz, Rosie Huntington-Whiteley und Teresa Palmer als Ko-Stars genannt. Palmer stieg jedoch wegen der Verzögerungen wieder aus, weswegen sie von Abbey Lee ersetzt wurde. Mitspielen sollte auch Riley Keough, die eine der „Five Wives" sein sollte, einer Gruppe von Frauen, die von Max beschützt werden müssen. Aber im Moment scheint es, dass sie nicht mehr länger zur Verfügung steht. Mit dabei ist dafür Richard Norton, der in den 80er und 90er Jahren Star zahlreicher B-Filme war.

Auf die Frage, wie man sich den neuen Film vorstellen muss, so erklärte Tom Hardy recht kryptisch: „Es ist ein Relaunch und ein erneuter Besuch in einer bekannten Welt. Gänzlich neu strukturiert. Das soll nicht heißen, dass der Film nicht Elemente der alten Filme aufgreift, sondern ein neuer Blick auf die Welt rund um diese Figur ist. Dieselbe Figur, dieselbe Welt, aber als 30 Jahre später stattfindender Update."

Das mag zu dem Gerücht passen, dass die neuen Filme nach MAD MAX 2 spielen und somit eine Lücke zwischen diesem und MAD MAX - JENSEITS DER DONNERKUPPEL schließen. Grund hierfür wäre auch, dass man sehr wohl den Interceptor V8 und andere Vehikel im Film haben will - etwas, das beim dritten Teil deutlich zu kurz kam.

Seine Kinopremiere soll MAD MAX: FURY ROAD im Jahr 2013 feiern. Viel kann bis dahin passieren, aber da die Dreharbeiten laufen, müsste es wohl schon mit dem Teufel zugehen, wenn der Film nicht beendet werden würde.

DIE ENDZEIT IST DA
FUTURISTISCHES
IM FAHRWASSER VON MAD MAX

Es gab schon vor MAD MAX Filme, die sich mit einer dystopischen Zukunft oder einer Welt nach einer Katastrophe - sei sie natürlichen oder nuklearen Ursprungs - beschäftigt, so etwa der von Robert Clouse inszenierte KRIEGER DER APOKALYPSE (THE ULTIMATE WARRIOR, 1975), in dem Yul Brynner in einer Art Endzeit-Western-Szenario zwei Seiten ausspielt und sich als der ultimative Kämpfer erweist.

Ein anderer Film ist STRASSE DER VERDAMMNIS (DAMNATION ALLEY, 1977), in dem Überlebende nach der großen Katastrophe auf einem endlosen Road Trip sind, immer auf der Suche nach einem Ort zum Leben.

Filme wie diese gab es immer wieder mal, aber die beispiellose Gewalttätigkeit, die mit MAD MAX Einzug hielt, konnten diese Werke nicht einmal im Ansatz vorwegnehmen. Der erste Film der Trilogie löste noch keine Welle an Endzeit-Filmen aus. Diese kam erst, als MAD MAX 2 - DER VOLLSTRECKER sich weltweit zum Erfolg mauserte. Das rief vor allem die Italiener auf den Plan, die seinerzeit perfekt darauf eingestellt waren, sich an jeden neuen Trend heranzuhängen und diesen auszuwringen, bis sich damit nichts mehr verdienen ließ.

MAD MAX als Vorlage wurde dabei gerne angenommen, da man kostengünstig in Steinbrüchen und mit alten Schrottautos drehen konnte. Es war Science Fiction, aber keine, die besonders großer Budgets bedurft hätte. Die Welle an italienischen Endzeitfilmen hielt nicht lange an, aber von 1982 bis 1984 war man dort recht produktiv und brachte es auf mehr als ein Dutzend Filme. Den Anfang machte 1982 METROPOLIS 2000 (I NUOVI BARBARI), der von Enzo G. Castellari inszeniert wurde. Auch hier hat der Atomkrieg gewütet. Die Welt liegt in Trümmern. Die wenigen Überlebenden existieren unter einem Regime von Terror und Anarchie. In diesem tristen und erbarmungslosem Kosmos treffen drei idealistische Einzelkämpfer aufeinander: Skorpion, ein schweigsamer Reiter des 21. Jahrhunderts, der mit seinem „schwarzen Panzer" durch die Lande zieht. Genius, ein geschickter Bogenschütze mit explosiven Pfeilen. Und die außerordentlich attraktive und selbstbewusste Alma, die mit ihrer Gang in einem gepanzerten Bus lebt. Als die „Templars", eine barbarische Horde mordlüsterner Biker, über unschuldige Menschen herfallen, stellen sich ihnen die drei mutigen Helden in einer blutigen Schlacht in den Weg, um die Menschheit vor dem totalen Untergang zu bewahren.

Castellari stellt hier den Prototypen des italienischen Endzeitfilms vor: Billige, sogar alberne Kostüme, schräge Fahrzeuge, Steinbrüche und ganz, ganz miese Drehbücher.

In STRASSE DER VERDAMMNIS (DAMNATION ALLEY, 1977) kämpft Jan-Michael Vincent in einer postapokalyptischen Welt ums nackte Überleben.

Was die Besetzung betrifft, so konnte er auf George Eastman und Fred Williamson zurückgreifen. Gerade letzterer lädt aber eher zu Lachanfällen ein, wenn man seine Kostümierung bedenkt.

Im selben Jahr legte Castellari mit THE RIFFS - DIE GEWALT SIND WIR (1990: I GUERRIERI DEL BRONX, 1982) noch mal nach. Der Film hat zwar auch herrlich bescheuerte Kostüme, spart sich aber immerhin die Steinbrüche, sondern spielt in der urbanen Welt des kaputten New York. So orientiert sich der Film nicht nur an MAD MAX, sondern auch an DIE WARRIORS (THE WARRIORS, 1979). Die Bronx ist eine höllische Steinwüste mitten in New York. Hier regiert das Gesetz der Straße. Die Banden der Riffs, Scavengers und Tigers kontrollieren das Stadtgebiet. Die Polizei ist machtlos und hat das gesamte Viertel zum Sperrgebiet erklärt. Ann, die Tochter des Präsidenten der Manhattan Cooperation, hat das Leben in der High Society satt und sucht Unterschlupf bei Trash, dem Anführer der Riffs. Schließlich kommt es zwischen den Gangs zum Krieg um das Mädchen. Das New Yorker Police-Departement hat zudem seinen besten Mann, Hammer, entsandt, um Anne aus der Bronx zu holen. Castellari drehte gleich wieder mit Fred Williamson und George Eastman. Die Hauptrolle des Bandenanführers Trash ging an Mark Gregory, der später noch der kämpferische Indianer in THUNDER - EINE LEGENDE IST GEBOREN (THUNDER, 1983) und den beiden Sequels spielte.

Da der Film einigermaßen gut lief, legte Castellari 1983 gleich ein Sequel nach:

Mark Gregory ist Bandenanführer Trash in DIE RIFFS – DIE GEWALT SIND WIR (1990: I GUERRIERI DEL BRONX, 1982).

THE RIFFS 2 – FLUCHT AUS DER BRONX (FUGA DAL BRONX). Hier geht der Straßenkampf weiter. Dem Stadtgouverneur ist das gesetzlose Treiben jedoch schon lange ein Dorn im Auge. Und das aus gutem Grund: Er ist Teilhaber einer Baufirma, die in der Bronx ein modernes Geschäftsviertel plant. Doch dafür müssten zunächst fast alle alten Gebäude abgerissen werden. Dies ruft die Riffs auf den Plan. Sie wollen mit aller Macht verhindern, dass die Bronx zum Freizeitzentrum der Reichen wird und erklären dem Baukonzern und der Stadt den Kampf. Neben Mark Gregory gibt es hier Henry Silva zu sehen. Und Castellari selbst lässt es krachen. Der Leichenberg wurde gezählt. Es sollen 174 Leute sein, die in THE RIFFS 2 um die Ecke gebracht werden.

Nur in Deutschland gab es auch noch einen dritten Teil: THE RIFFS 3 (RATS - NOTTE DI TERRORE, 1985). Der wurde vom Mindertalent Bruno Mattei verbrochen. Der Atomkrieg hat wieder mal stattgefunden und ein paar Überlebende suchen in Schutt und Asche nach Nahrung und Wasser. Doch dann bekommen sie es mit mutierten Monsterratten zu tun.

Auch Allesfilmer Joe D'Amato ließ es sich nicht nehmen, mit ENDGAME - DAS LETZTE SPIEL MIT DEM TOD (ENDGAME, 1983) an der Endzeit zu verdienen. Nach einem Atomkrieg ist die Erde ein Ödland geworden. Die Strahlung hat die Menschen verändert und mutieren lassen. Die wenigen „Normalen" jagen die Mutanten nun. Zur Unterhaltung der Massen er-

Auch im zweiten Teil von THE RIFFS ist Mark Gregory als Trash wieder mit dabei.

Die italienischen Endzeitfilme zeichneten sich durch überdrehte Kostüme und Fahrzeuge aus.

Joe D'Amato setzte in ENDGAME – DAS LETZTE SPIEL MIT DEM TOD (ENDGAME, 1983) auch seine Lieblingsschauspielerin Laura Gemser ein.

sannen die Herrscher das Endgame, in dem Gladiatoren bis zum Tode kämpfen. Der Sieger Shannon wird von der Mutantin Lilith gebeten, sie und ihre Freunde aus der Stadt zu bringen. Er willigt ein, nachdem ihm eine große Belohnung versprochen wird. Doch der Weg aus der Stadt ist voller Gefahren.

Der Film orientiert sich an üblichen Genre-Mustern und bietet jede Menge brutaler Actioneinlagen. Dabei hat D'Amato aber schon einen einigermaßen unterhaltsamen Film abgeliefert, den er selbst auch für seinen besten hält. Etwas unfreiwilliger Komik kann er sich natürlich schon alleine der lächerlichen Kostüme wegen nicht erwehren. Laura Gemser spielt hier die Mutantin Lilith. Neben Gemser überzeugt Al Cliver, an den man sich noch wohlgesonnen aus Lucio Fulcis DIE GEISTERSTADT DER ZOMBIES (L'ALDILA, 1981) erinnert.

Al Cliver war auch schon in D'Amatos 2020 - TEXAS GLADIATORS (ANNO 2020 - I GLADIATORI DEL FUTURO, 1982) dabei, aber auch wenn der Film in der Zukunft spielt - einer sehr hässlichen! -, dann ist er doch eher an Vorlagen wie ROLLERBALL (ROLLERBALL, 1975) angelegt, und erzählt, wie gegen den Diktator schließlich die Revolution ausgerufen wird.

Praktisch alles, was im Genre-Film Rang und Namen hat, versuchte sich auch an der Endzeit. So auch Lucio Fulci, der 1983 DIE SCHLACHT DER CENTURIONS (I GUERRIERI DELL'ANNO 2072) ausrief: Im Jahre 2072 gibt es nur noch zwei Fernsehsender, die mit immer extremeren Shows gegeneinander konkurrieren. Man plant im römischen

Mit dem Strandbuggy unterwegs: Geschmackssicher ist THE EXECUTOR - DER VOLLSTRECKER (GLI STERMINATORI DELL'ANNO 3000, 1983) von Giuliano Carnimeo auch nicht.

Colosseum die Gladiatorenkämpfe wieder auferstehen zu lassen. Gekämpft wird mit allen Waffen bis zum Tod. Es sollen Schwerverbrecher, die nichts zu verlieren haben, gegeneinander antreten. Bei einem Sieg winkt die Freiheit. Um einen Star in die Arena zu bekommen, hecken die Showmacher eine unglaubliche Intrige aus: Sie ermorden die Frau von Drake, einem beim Publikum beliebten Prominenten, und biegen die Sache so hin, dass es aussieht, als sei er der Mörder. Drake wird als der Star der ersten Gladiatorenkämpfe angekündigt. Auch hier stehen eher Filme á la ROLLERBALL Pate, aber die Gladiatorenkluft lässt Endzeitfreunde frohlocken. Neben Al Cliver ist Endzeit-Experte Fred Williamson dabei. Die Hauptrolle spielt Jared Martin, der in den 80er Jahren in der Fernsehserie KRIEG DER WELTEN (WAR OF THE WORLDS) den Wissenschaftler Harrison Blackwood darstellte.

Sergio Martino fühlte sich in jedem Genre zuhause. Und wichtiger noch: Er inszenierte Filme, bei denen Stillstand ein Fremdwort ist und die den Zuschauer bestens unterhalten. Das gilt auch für seinen Endzeitausflug FIREFLASH - DER TAG NACH DEM ENDE (2019: DOPO LA CADUTA DI NEW YORK, 1983), der titelgemäß im Jahr 2019 spielt. Die Erde ist nach einem Atomkrieg verseucht und verwüstet, ein Überleben ist nur in den Abwasserkanälen möglich. Die von Banden und Mordkommandos beherrschte Ruinenstadt New York City versinkt im Blut. Um die menschliche Rasse zu retten, wird eine nicht kontaminierte und daher gebärfähige Frau gesucht. Die letzte Hoffnung ruht nun auf Flash, einem mutigen Endzeit-Söldner und abgebrühten Haudegen. Gehetzt von einer ganzen Armee aus Mutanten, Söldnern und Säuberungstruppen der mächtigen und brutalen „Euraker" gehen Flash und seine zwei Rebellen bei der Erfüllung ihrer Mission durch die Hölle. Flash, der sich wie eine Mixtur aus Max Rockatansky und Snake Plissken gebärdet, wird von Michael Sopkiw gespielt. Der Amerikaner wirkte von 1983 bis 1985 in ein paar italienischen Exploitationfilmen mit und verschwand dann wieder von der Bildfläche. Wohl wegen mangelnden Talents, aber immerhin spielt er mit Enthusiasmus.

THE LAST WARRIOR - KÄMPFER EINER VERLORENEN WELT (IL GUERRIERO DEL MONDO PERDUTO, 1983) wurde von dem Amerikaner David Worth inszeniert, ist aber eine italienische Produktion. An der Besetzung merkt man das nicht unbedingt, wirken hier doch Robert Ginty, Persis Khambatta, Donald Pleasance und Fred Williamson mit. Letzterer hat die undankbare Rolle des Lakaien. Ginty ist Rider, der mit seinem High-Tech-Motorrad in einer postapokalyptischen Welt der Widerstandsbewegung gegen den Diktator Prossor hilft und sich aufmacht, den Anführer der Resistance zu befreien. Das ist einigermaßen dumpf gestaltet, was diesen Film nicht unbedingt zu den besseren (oder gut-schlechten) Filmen des Genres macht.

1983 gab es von Tonino Ricci noch RUSH (RUSH), in dem nach dem atomaren Holocaust ein Überlebender die Wüste durchwandert, gegen Banditen

Da träumt er noch von der großen Filmkarriere: Michael Sopkiw, der mit FIREFLASH - DER TAG NACH DEM ENDE (2019 – DOPO LA CADUTA DI NEW YORK, 1983) von Sergio Martino sein Debüt gab.

kämpft und sich mit einem Warlord anlegt. Bruno Minniti ist Rush, Gordon Mitchell ist Yor - und mehr muss man dazu auch nicht sagen.

Orwells Jahr 1984 begann und die Italiener lieferten die passende Endzeit, so auch mit ROCKIT - FINAL EXECUTOR (L'ULTIMO GUERRIERO). Romolo Guerrieri zeigt die Gesellschaft nach dem Holocaust, als eine kleine Gruppe von Überlebenden, die sich als rein erachten, es sich zur Aufgabe macht, all jene zu vernichten, die verseucht sind. Einzig nennenswert an diesem Film: Altstar Woody Strode (SPARTACUS) ist mit dabei.

Im selben Jahr wurde noch THE EXECUTOR - DER VOLLSTRECKER (GLI STERMINATORI DELL'ANNO 3000, 1984) auf die Menschheit losgelassen. Auch hier hat der Atomkrieg zugeschlagen. Das Problem ist jedoch nicht fehlender Sprit. Hier kämpft man um Wasser. Tiger sucht in der Wüste nach dem kostbaren Lebensstoff, aber Crazy Bull und seine wilden Horden stellen eine immense Gefahr dar.

Als letzter italienischer Film, der sich des Themas annahm, gab es als Nachzügler 1987 noch URBAN WARRIORS (URBAN WARRIORS), der sich aber nicht so richtig an die MAD MAX-Vorgabe hält. Der Dritte Weltkrieg kam und ging wieder, die Erde wurde verseucht und die Überlebenden haben echte Killerinstinkte entwickelt. Doch ein paar mutige Männer stellen sich der mörderischen Meute. Wieso sie selbst nicht auch zu solchen Monstern degenerierten? Weil sie sich in einem Bunker befanden. Warum sie raus kommen? Es muss ja schließlich einen Grund für Action geben!

Die Italiener waren jedoch nicht die einzigen, die auf die Idee kamen, dass man Action in Steinbrüchen äußerst günstig umsetzen kann. Auch Action-Spezialist und Billigfilmer Cirio H. Santiago ließ sich nicht zweimal bitten und inszenierte über die Jahre ein Trio des staubigen Todes. Den Anfang machte 1983 STRYKER (STRYKER). In dem philippinischem Film hat der Atomkrieg die Zivilisation vernichtet. Die Erde ist ausgebrannt. Plündernde Banden durchstreifen das Land. Überall gilt nur das Recht des Stärkeren. Für die wenigen Überlebenden des Infernos beginnt eine verzweifelte Suche nach unverseuchtem Wasser. Eine Gruppe mutiger Frauen hat frisches, sprudelndes Wasser entdeckt. Um diese überlebenswichtige Quelle entbrennt ein gnadenloser Kampf. Aus allen Himmelsrichtungen setzen sich schwer bewaffnete Horden in Bewegung. Auf die Seite der hoffnungslos unterlegenen Frauen schlägt sich nun Stryker, ein Einzelgänger und mutiger Kämpfer. Gespielt vom unvergleichlichen Steve Sandor, dessen claim to fame eine Rolle ist, bei der man ihn gar nicht zu Gesicht bekommt. Er sprach Darkwolf in Ralph Bakshis Zeichentrickfilm FEUER UND EIS (FIRE AND ICE, 1983). Mit dem Attribut „gut" würde man STRYKER sicherlich nie versehen, aber Santiago hat hier einen schlechten Film vorgelegt, der so himmelschreiend übel ist, dass er eben doch wieder gut ist - wenn man auf Trash steht.

1984 folgte DIE SOLO-KAMPFMASCHINE (WHEELS OF FIRE). So muskelstarrend wie auf dem Cover sieht Gary Watkins als Trace zwar nicht aus, eine gewisse Coolness muss

Deutsches A1 (EA) Plakat von 1984

Deutsche Videokassette von „Zent Video"

Deutsches A1 (EA) Plakat von 1983

Deutsches A1 (EA) Plakat von 1984

man ihm jedoch attestieren. Es ist wieder mal die Steinbruch-Zukunft: Eine Bande brutaler Wegelagerer in wilder, schwarzer Kluft, macht mit gefährlichen Vehikeln die öde Gegend unsicher. Gewissenlose Mörder, die sich nehmen, was sie wollen. Frauen sind für die schwarzen Teufel nur Objekte für obszöne Quälereien und zum Abreagieren sexueller Begierden. Aber ein Held ist übriggeblieben, der sich an die Zivilisation und ihre Vorzüge erinnert: Trace, die Solo-Kampfmaschine. Als seine schöne, unbekümmerte Schwester Arlie in die Hände der schwarzen Teufel gerät, sieht er rot. Unterstützt von Stringer, einer attraktiven Kriegerin, und Spike, einem hübschen Teenager mit hellseherischen Fähigkeiten, jagt Trace die marodierende Bande mit seinem feuerspeienden, atombetriebenen Superauto. Auch das Auto sieht so super nicht aus, aber es gehört schon zur gehobenen Klasse der Endzeitmobile. Gedreht wurde auf den Philippinen. Was gibt es sonst noch zu sagen? Ach ja, die fiesen Burschen binden die halbnackten gefangenen Frauen auf der Motorhaube fest. Im Jahr 1986 wollte es Cirio dann noch mal wissen und so inszenierte er DEFENDER 2000 (EQUALIZER 2000). Diesmal befindet man sich in Nord-Alaska. Der Atomkrieg fand vor 100 Jahren statt und um das letzte Öl wird zwischen Rebellen und Militär gestritten. Ex-Soldat Slade kämpft für die Rebellen und weiß, dass derjenige, der die Wunderwaffe, den Defender 2000, in seine Hände bekommt, den Sieg davontragen wird. Der unschlagbare Held Slade wird von Kampfsportler Richard Norton gespielt. Außerdem ist der junge Robert Patrick noch lange vor seiner Zeit als T-1000 mit von der Partie.

Im Lauf der Jahre - lange, nachdem die Endzeit-Welle mit MAD MAX - JENSEITS DER DONNERKUPPEL ihr Ende gefunden hatte - gab es immer mal wieder einzelne Genre-Vertreter, die die Fahne aufrecht halten wollten, doch viele sind es nicht. Patrick Swayze kämpfte 1987 in STEEL DAWN - DIE FÄHRTE DES SIEGERS (STEEL DAWN, 1987) in der Wüste gegen Schurken, wobei der Film einfach MEIN GROSSER FREUND SHANE (SHANE, 1953) in die Endzeit verlagerte. DOWNSTREAM - ENDZEIT 2013 (DOWNSTREAM) ist ein MAD MAX-Klon, in dem mal wieder das Öl ausgeht. Mit am besten ist noch BOOK OF ELI (BOOK OF ELI, 2010), der immerhin mit großem Budget produziert wurde und zeigt, wie heutzutage eine aufwendige Neuinterpretation von MAD MAX aussehen kann.

An die Klasse der MAD MAX-Trilogie konnte kein anderer Film heranreichen, noch nicht einmal eine Großproduktion wie BOOK OF ELI. George Millers-Filme sind die Speerspitze eines Subgenres, das größtenteils aus Trash besteht. Aber gerade der Trash italienisch-philippinischer Herkunft, wie er in den 80er Jahren an der Tagesordnung war, hat ein Plätzchen in den Herzen der Fans gefunden. Es mag sein, dass die heftig beschlagene Nostalgie-Brille vonnöten ist, um sich auch heutzutage noch an italienischen Steinbrüchen zu erfreuen, aber wenn schon nichts anderes, dann haben uns diese Ära und dieses Subgenre einige der coolsten VHS-Cover aller Zeiten geschenkt.

Auch Patrick Swayze schnupperte Endzeit-Luft. Er spielt einen einsamen Kämpferin STEEL DAWN - DIE FÄHRTE DES SIEGERS (STEEL DAWN, 1987).

ROCKIT FINAL EXECUTOR
im A. B. Filmverleih

OZPLOITATION
GENREKOST AUS AUSTRALIEN

Australien als Filmland war fast schon vergessen. In den späten 50er und frühen 60er Jahren starb die australische Filmproduktion fast aus und wurde nur wiederbelebt, weil die Regierung Filmförderung betrieb und mit der Australian Film Television and Radio School dafür sorgte, dass ein Nachwuchs erschaffen wurde. Die Bemühungen trugen zu Beginn der 70er Jahre Blüten. Von 1970 bis 1985 wurden in Australien 400 Filme produziert. Mehr als in der gesamten australischen Filmgeschichte zuvor!

Eine eigene Sprache besaß der australische Film nicht. Erst mit Beginn der 70er Jahre entwickelt sich diese - und zwar innerhalb des Mainstreams als auch außerhalb, in Gefilden der Exploitation. Ein Beispiel für einen Filmemacher, der beide Wege beschritt, ist Peter Weir, der 1974 mit DIE KILLER-AUTOS VON PARIS (THE CARS THAT ATE PARIS) ganz klar ein Drive-In-Publikum ansprach, später jedoch mit Werken wie DIE LETZTE FLUT (THE LAST WAVE, 1977) oder den mit Mel Gibson besetzten Filmen GALLIPOLI - AN DIE HÖLLE VERRATEN (GALLIPOLI, 1981) und EIN JAHR HÖLLE (THE YEAR OF LIVING DANGEROUSLY, 1982) ernsthafte Filmbeiträge ablieferte.

John Hargreaves ist DAKOTA HARRIS (SKY PIRATES, 1986) und schaffte es bis zu den Osterinseln. Der Abenteuerfilm orientiert sich an den Abenteuern von Indiana Jones.

Die New Wave des australischen Films war geboren. Aber in ihr gab es etwas, das international für mehr Aufsehen sorgte: Ozploitation. Der Begriff wurde von Dokumentarfilmer Mark Hartley geprägt, der einen Film zu diesem Thema machte und dabei die Unterstützung von Quentin Tarantino erhielt. Dieser hatte sich bis dato mit der Begrifflichkeit „Aussiesploitation" auf diese Filmart bezogen, aber das war Hartley zu lang.

Ozploitation bezeichnet kein Filmgenre. Darunter fallen Filme aller Gattungen, seien es Horror, Sex oder auch Action. Ausschlaggebend ist, dass der Film in Australien entstanden ist und dass er australische Stereotypen plündert. Ozploitation-Filme bedienen sich kultureller Eigenarten der Figuren, aber auch des Landes selbst. Das zeichnet diese Art von Film aus.

Im Zuge der New Wave begann der australische Film aufzublühen. Das ging damit einher, dass die Regierung großzügige Steuerabschreibungsmöglichkeiten für Filme offerierte. Das führte dazu, dass viele Geschäftsleute Geld in Filmproduktionen investierten, da sich damit steuerliche Gewinne erzielen ließen und die Chance bestand, durch die Filme selbst auch noch zu verdienen.

Dazu kam, dass ein neues Rating eingeführt wurde. Das R-Rating besagte, dass Zuschauer über 18 Jahre alt sein mussten, um einen Film sehen zu dürfen. Mit diesem neuen Rating an der Hand wollten viele Filmemacher das neue Publikum bedienen, was anfangs zu einer ganzen Welle von Sexfilmen führte, sich dann jedoch auch auf andere Genres, so vor allem Action und Horror, ausweitete.

Brian Trenchard-Smith lieferte mit CRABS … DIE ZUKUNFT SIND WIR (DEAD-END DRIVE IN, 1986) futuristische Horror-Action ab, in der in einer hässlichen Zukunft die Unerwünschten in Drive-In-Kinos eingesperrt werden.

In MIKE - IN 3,8 AUF HUNDERT (RUNNING ON EMPTY, 1982) geht es vor allem um eines: heiße Autos und heiße Bräute. Auf beides steht Mike (Terry Serio).

RANDNOTIZ

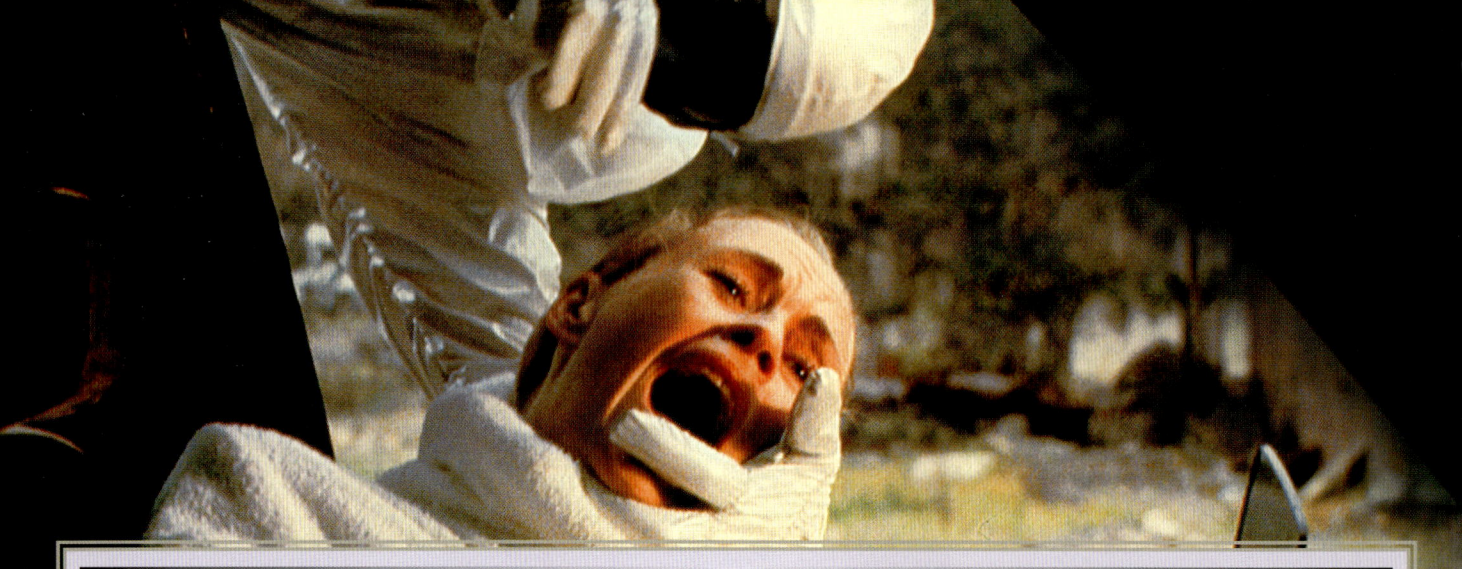

DIE KETTENREAKTION

In den 70er und 80er Jahren gab es noch australische Filme, die weltweit ihr Publikum fanden. Ausgelöst wurde dieser Mini-Boom natürlich durch MAD MAX. Dessen Schöpfer George Miller wurde in seiner Heimat so etwas wie ein Star und als ihm die Macher von DIE KETTENREAKTION (THE CHAIN REACTION, 1980) das Drehbuch zeigten, erklärte er sich bereit, den Film zu produzieren.

Das Skript wurde von dem Newcomer Ian Barry geschrieben, der zuvor einen Kurzfilm produziert hatte, welcher als Visitenkarte diente. Damit konnte er auch die Finanzierung sichern, um mit DIE KETTENREAKTION sein Debüt geben zu können. Die George-Miller-Connection half darüber hinaus, einige MAD MAX-Veteranen anzulocken.

Eine Panne in der australischen Atommülldeponie WALDO zieht eine Umweltkatastrophe nach sich. Bei dem Unfall wird der Wissenschaftler Heinrich Schmidt verstrahlt. Jetzt fühlt er sich verpflichtet, die Öffentlichkeit zu warnen. Prompt hat Schmidt den konzerneigenen Sicherheitsdienst und dessen Boss Grey auf den Fersen. Der will den Skandal um jeden Preis vertuschen. In höchster Bedrängnis gelingt Schmidt die Flucht zu dem Ehepaar Carmel und Larry Stilson in die Berge. Dort beginnt ein Kampf gegen die Zeit...

Die Hauptrolle des Larry spielt Steve Bisley, der in Millers Endzeit-Saga den Polizisten Goose darstellte. Ebenfalls mit dabei sind Hugh Keays-Byrne (der böse Toecutter) und Roger Ward (der feiste Polizist Fifi). Und Max Mel Gibson höchstselbst absolviert einen Cameo-Auftritt. Er ist als bärtiger Mechaniker zu sehen, wenn man aber blinzelt, könnte man ihn locker übersehen. Darum bei Minute 8:49 ganz genau hinsehen. Besser erkennen kann man ihn aber ohnehin im auf der DVD enthaltenen Making-of, in dem auch darauf eingegangen wird, wie es zu diesem Cameo-Auftritt kam, mit dem auf dem Cover sehr deutlich geworben wird.

Ein Mel-Gibson-Film ist DIE KETTENREAKTION aber nicht. Macht nichts, denn der Film ist auch so gut und ein perfektes Beispiel für Ozploitation, also australische Filme mit Genre-Wurzeln oder -Anleihen. Hier hat man es mit einem actionreichen Thriller zu tun, der 1980 natürlich brandaktuell war, schaukelte sich die Angst vor dem Atom doch weltweit immer mehr hoch. Gekoppelt mit einer rücksichtslosen Firma, die alles daran setzt, die Verstrahlung von Mensch und Natur zu vertuschen, ist der Stoff, aus dem Thriller sind. Was die Action betrifft, so kann sich dieser Film sehen lassen. Es gibt sogar eine hoch dynamische Autoverfolgungsjagd mit einem schönen Crash, die sich auch gut in MAD MAX gemacht hätte.

Amüsant ist übrigens, dass Mel Gibsons deutsche Synchronstimme hier mit dabei ist. Elmar Wepper spricht den Wissenschaftler mit Gewissen, Heinrich Schmidt. So gibt es im Deutschen, wenn man so will, einen sehr viel größeren Mel-Gibson-Auftritt als in der englischen Originalfassung.

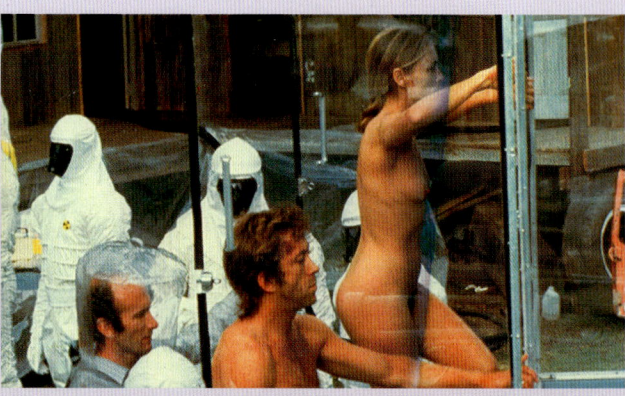

Deutsches A1 (EA) Kinoplakat von 1981

DIE KETTENREAKTION ist ein bodenständiger spannender, rasant erzählter Öko-Thriller.

Sowohl die New Wave als auch die Ozploitation-Bewegung sorgte für Aufsehen. Viele australische Filmemacher und Stars konnten hier ihre ersten Gehversuche machen und schafften es zu internationaler Bekanntheit. Das gilt im Großen (z.B. George Miller) als auch im Kleinen (z.B. Brian Trenchard-Smith). Außerhalb Australiens waren die Sexfilme eher uninteressant, aber mit den Action- und Horrorstoffen konnte man punkten. Einer der umtriebigsten Männer in diesem Bereich ist Autor Everett De Roche, der mit PATRICKS HÖLLENTRIP (PATRICK, 1978), TRUCK DRIVER - GEJAGT VON EINEM SERIEN-KILLER (ROADGAMES, 1982) und RAZORBACK - KAMPFKOLOSS DER HÖLLE (RAZORBACK, 1984) einige der bekanntesten Filme überhaupt ersonnen hatte.

Egal, ob Tierhorror (CROCODILE HUNTER [DARK AGE, 1987]), Vampire (BLUTDURST [THIRST, 1979]), Werwölfe (WOLFMEN [HOWLING 3 - THE MARSUPIALS, 1987]), Quasi-Slasher (SNAPSHOT, 1979), Biker (SIE NANNTEN IHN STONE [STONE. 1974]) oder Gefängnis (INSEL DER VERDAMMTEN [TURKEY SHOOT, 1982]), es gab kaum etwas, das es nicht gab.

Von etwa 1970 bis 1985 dauerte diese fruchtbare Phase an. Die New Wave endete in den ausgehenden 80er Jahren, wurde ersetzt durch die Post New Wave, die einerseits mit Filmen wie PRISCILLA - KÖNIGIN DER WÜSTE (THE ADVENTURES OF PRISCILLA, QUEEN OF THE DESERT, 1994) einherging, andererseits sich stark auf Dramen und Krimis beschränkte. Das internationale Interesse am australischen Film war kaum noch vorhanden.

Erst in den letzten Jahren hat sich das wieder geändert, als vom Kontinent plötzlich Genre-Filme wie UNDEAD (UNDEAD, 2003), WOLF CREEK (WOLF CREEK, 2005) oder ROGUE - IM FALSCHEN REVIER (ROGUE, 2007) kamen.

Ozploitation hat die Zeit überdauert. Die MAD MAX-Filme sind die Speerspitze, aber um sie herum hat das Publikum australisches Kino kennengelernt, das sich seine eigene Nische erobert hat. Und dies auch immer noch tut. Die gute alte Zeit ist wieder da!

FILMOGRAPHIE (AUSWAHL)

Aussen vor gelassen werden in dieser Liste die zahlreichen Sexkomödien, die nach all den Jahrzehnten deutlich weniger Interesse hervorrufen und im Gegensatz zu Action- und Horrorfilmen zumindest aus internationaler Sicht schon (fast) vergessen sind. Die Liste erhebt keinen Anspruch auf Vollständigkeit, da man in Einzelfällen auch durchaus diskutieren kann, ob dieser oder jener Film seine Daseinsberechtigung in ihr hat.

Jahr	Film (Originaltitel)
1971	Wake In Fright
1972	Night Of Fear
1974	Inn Of The Damned
1974	Die Killer-Autos von Paris (The Cars That Ate Paris)
1974	Sie nannten ihn Stone (Stone)
1975	Der Mann aus Hongkong (The Man From Hong Kong)
1975	Sidecar Racers
1975	Pure S
1976	Mad Dog - Der Rebell (Mad Dog Morgan)
1976	Death Cheaters
1976	End Play
1976	The Devil's Playground
1977	The F.J. Holden
1978	Patricks Höllentrip (Patrick)
1978	Long Weekend (Long Weekend)
1978	Stunt Rock
1978	The Night, The Prowler
1978	Snapshot
1978	Die Ballade von Jimmy Blacksmith (The Chant Of Jimmy Blacksmith)
1979	Blutdurst (Thirst)
1979	Mad Max (Mad Max)
1980	Harlekin (Harlequin)
1980	The Survivor
1980	Stir
1980	Nightmare On The Street (Nightmares)
1980	Die Kettenreaktion (The Chain Reaction)
1981	Mad Max 2 - Der Vollstrecker (Mad Max 2)
1981	Blutige Schreie (Strange Behaviour)
1981	Truck Driver - Gejagt von einem Serienkiller (Roadgames)
1981	Insel der Verdammten (Turkey Shoot)
1981	Ein Teufelskerl (Race For The Yankee Zehpyr)
1982	Montclare - Erbe des Grauens (Next Of Kin)
1982	Mike - In 3,8 auf 100 (Running On Empty)
1982	Lady Stay Dead
1982	The Dark Room
1982	Carcrash - Wir fahren den heissesten Reifen (Midnight Spares)
1982	Return of Captain Invincible oder wer fürchtet sich vor Amerika? (The Return Of Captain Invincible)
1982	Brothers
1983	Hostage
1983	Die BMX-Bande (Bmx Bandits)
1984	Razorback - Kampfkoloss der Hölle (Razorback)
1985	Mad Max - Jenseits der Donnerkuppel (Mad Max Beyond Thunderdome)
1985	Crabs - Die Zukunft sind wir (Dead End Drive-In)
1985	Hunting Season (Fair Game)
1985	Bootleg
1986	Run Chrissie Run!
1986	Dakota Harris (Sky Pirates)
1986	Cassandra - Omen des Todes (Cassandra)
1987	Wolfmen (Howling 3: The Marsupials)
1987	Wächter der Zukunft (The Time Guardian)
1987	Running From The Guns
1987	Kreis der Angst (Ground Zero)
1987	Crocodile Hunter (Dark Age)
1988	To Make A Killing
1988	Willkommen in der Hölle / Hölle ohne Helden (Ghosts Of The Civil Dead)
1989	Houseboat Horror
1990	Blood Moon (Blood Moon)
1993	Body Melt (Body Melt)
2003	Undead (Undead)
2003	Visitors (Visitors)
2004	Wolf Creek (Wolf Creek)
2007	Storm Warning (Storm Warning)
2007	Black Water (Black Water)
2007	Rogue - Im falschen Revier (Rogue)
2008	Long Weekend (Long Weekend)
2008	Italian Spiderman
2008	The Open Door
2008	Dying Breed (Dying Breed)
2008	Lake Mungo (Lake Mungo)
2008	Die Erpresser (Acolytes)
2008	The Horseman - Mein ist die Rache (The Horseman)
2009	Coffin Rock - Rendezvous mit einem Mörder (Coffin Rock)
2009	The Loved Ones (The Loved Ones)
2009	Family Demons
2009	Savages Crossing
2009	Slaughtered
2009	Damned By Dawn
2009	Prey - Outback Overkill (Prey)
2009	Van Diemen's Land (Van Diemen's Land)
2010	Red Hill (Red Hill)
2010	The Clinic (The Clinic)
2010	Needle
2010	Road Kill (Road Train)
2010	Bad Behaviour
2010	Uninhabited
2010	Primal (Primal)
2010	The Reef (The Reef)

(Ohne Titel in Klammern, keine Deutsche Veröffentlichung)

BIBLIOGRAPHIE

Clarkson, Wensley: Mel Gibson – Man on a Mission, London, 2005
Cohan, Steven und Ina Rae Hark: The Road Movie Book, London, 1997
Hahn, Robert M. und Volker Jansen: Lexikon des Science Fiction Films, München, 1997
Hardy, Phil: Die Science Fiction Filmenzyklopädie, Königswinter, 1998
Heinzlmeier, Adolf: Mel Gibson – Schauspieler und Regisseur, München, 1996
Heinzlmeier, Adolf und Berndt Schulz: Road Movies – Action-Kino der Maschinen und Motoren, Hamburg, 1993
Julius, Marshall: Action – The Action Movie A-Z, Indiana University Press, Indiana, 1996
Manthey, Dirk (Hrsg.): Stars und Stunts im Action-Kino, Hamburg, 1986
Manthey, Dirk (Hrsg.): Science Fiction – Band 2, Hamburg, 1988
McCarty, John: The Films of Mel Gibson, Secaucus, 1997
Martin, Adrian: The Mad Max Movies, Strawberry Hills, 2003
Müller, Jürgen: Filme der 80er, Taschen Verlag, Köln, 2002
Weber, Reinhard: Die Mad Max Trilogie, Landshut, 1998
Young, Nick: Mel Gibson – Stahlharter Profi mit sanfter Seele, Bergisch Gladbach, 1993

Verwendete Periodika:
Cinefantastique, Fangoria, Starlog, Fantastic Films, Cinema, Filmillustrierte,
Cinefex, Moviestar, DVD Special

Die TOPFILME von 1984

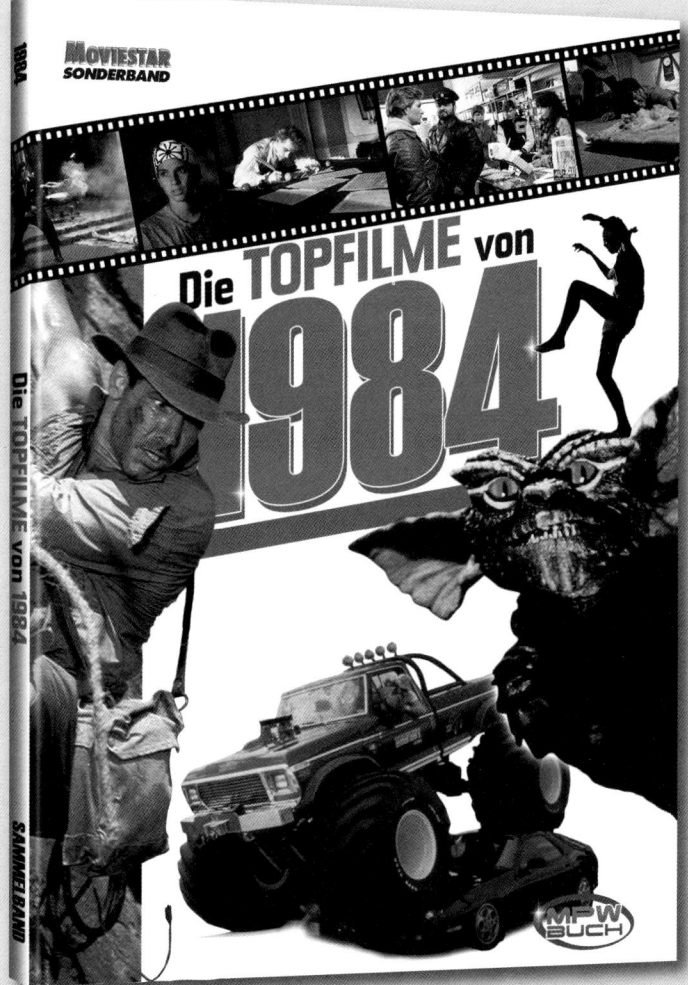

Was sich im Jahr darauf bestätigte, deutete sich bereits im Kinojahr 1984 an: Die deutsche Filmszene wachte langsam aber stetig aus ihrem Tiefschlaf auf und konnte sich zumindest teilweise erfolgreich gegen die übermächtige US-Konkurrenz mit Titeln wie **ZWEI NASEN TANKEN SUPER** oder **ABWÄRTS** behaupten. Davon abgesehen lieferte Hollywood natürlich auch in diesem Jahr Spektakel wie **INDIANA JONES UND DER TEMPEL DES TODES** oder den Sean-Connery-Bond **SAG NIEMALS NIE** ab. Da war es fast schon ein Wunder, dass der absolute Abräumer eine überschaubar budgetierte Komödie rund um eine Gruppe chaotischer Cops war - die Rede ist natürlich von **POLICE ACADEMY**. Eines steht fest: 1984 war ein faszinierendes Kinojahr - überzeugen sie sich selbst!

Die 70er und 80er Jahre: Wohl kaum eine andere Epoche hatte so viel Einfluss auf das moderne Filmgeschäft wie diese richtungsweisenden Jahrzehnte. Nicht nur, dass die Karrieren von Regisseuren wie Steven Spielberg, Martin Scorsese oder Francis Ford Coppola innerhalb dieser Zeitspanne einen entscheidenden Sprung nach vorne machten – auch Schauspieler wie Sylvester Stallone, Jack Nicholson, Bud Spencer oder Robert De Niro konnten innerhalb dieser Ära Rollen übernehmen, die sie für immer unsterblich machten.

Es war aber auch eine Zeit der Veränderung: Der US-Markt wurde immer stärker und drängte mit seinen Big-Budget-Produktionen den europäischen Film ins Abseits. Filme wie DER WEISSE HAI, ALIEN oder KRIEG DER STERNE waren Vorboten des klassischen Mainstream-Kinos, das bis heute die Leinwände weltweit dominiert. Auch der deutsche Film war davon betroffen und fand erst Mitte der 80er Jahre seine eigene Nische, um auch kommerziell wieder konkurrenzfähig zu sein.

Jedes Jahr hatte seine eigenen Besonderheiten, seine eigenen Stars, Hits und Flops. Grund genug, den 70er und 80er Jahren eine eigene Buchreihe zu widmen, in der jedes Jahr in einem Band abgehandelt wird. Neben ausführlichen Filmbesprechungen, die insbesondere auf die Produktion und den zeitlichen Kontext eingehen, schaut man auch über den filmischen Tellerrand hinaus, und lässt das jeweilige Jahr aus gesellschaftlicher Sicht Revue passieren. Zahlreiche Statistiken und Porträts runden nicht nur jedes Buch, sondern auch die komplette Reihe ab.

Die Buchreihe, die jährlich mit zwei Bänden fortgesetzt wird, ist somit nicht nur eine nostalgische Reise in eine prägende Kinozeit, sondern auch ein Nachschlagewerk über die Ära, die unsere Sehgewohnheiten nachhaltig prägte: DIE TOP-MOVIES DER 70ER UND 80ER JAHRE.

BESTELLUNG:

☐ **DIE TOPFILME 1975**
(ca. 150 Seiten Softcover / 12,90 € plus 2,95 Porto)

☐ **DIE TOPFILME 1976**
(ca. 150 Seiten Softcover / 12,90 € plus 2,95 Porto)

☐ **DIE TOPFILME 1980**
(ca. 150 Seiten Softcover / 12,90 € plus 2,95 Porto)

☐ **DIE TOPFILME 1984**
(ca. 150 Seiten Softcover / 12,90 € plus 2,95 Porto)

☐ **DIE TOPFILME 1985**
(ca. 150 Seiten Softcover / 12,90 € plus 2,95 Porto)

☐ TOPMOVIES **WEISSE HAI**
(ca. 120 Seiten Hardcover / 14,90 € plus 2,95 Porto)

☐ TOPMOVIES **MAD MAX**
(ca. 90 Seiten Hardcover / 12,90 € plus 2,95 Porto)

Absender / Besteller

_____
Name, Vorname

_____
Strasse, Hausnummer

_____
PLZ, Ort   Unterschrift

TELE-MOVIE-SHOP • Steinkampbreede 2 • 32479 HILLE
Mail: mpw@teleos-web.de • Tel: 05703-95904

DAS PERSONEN-REGISTER

A
Allaylis, Toni 71
Anderson, Angry 64, 65, 71

B
Balson, Michael 55
Bisley, Steve 2, 15, 29, 35, 38, 42, 86
Bracks, David 38
Brynner, Yul 76
Buday, Helen 71
Burns, Tim 36, 38

C
Cadart, Bertrand 38
Carnimeo, Giuliano 80
Clark, Stephen 38
Clarke, Justine 71
Claux, Moira 55
Cliver, Al 79, 80
Cockburn, Adam 71

D
Day, Jerry 38
Downer, David 55

E
Eastman, George 77
Eggby, David 38
Eynon, Howard 38

F
Fairchild, Max 38
Farndale, John 38
Florance, Sheila 36, 38

G
Gazzana, Nic 38
Gemser, Laura 79
Gibb, Hunter 38
Gibson, Mel 1, 2, 6, 7, 11, 13, 14, 15, 16,
17, 18, 19, 20, 21, 23, 24, 25, 29,
34, 35, 37, 38, 40, 42, 48, 49, 50,
52, 55, 63, 67, 68, 71, 74, 75, 84,
86, 88, 92
Gill, Vince 38
Gilmore, Andrew 38
Gregory, Mark 77, 78
Guerrieri, Romolo 81

H
Hannant, Brian 55
Hardy, Jonathan 38
Hardy, Tom 2, 11, 75
Hargreaves, John 84
Hartley, Mark 85, 89
Hayes, Cliff 38
Hayes, Terry 47, 55, 63, 66, 68, 71, 73
Heath, Brendan 38
Hey, Virginia 2, 55, 58
Heylen, Syd 55
Hodgeman, Edwin 71

J
Jennings, Tom 71
Johnstone, Paul 38

K
Keays-Byrne, Hugh 2, 35, 38, 43, 86
Kennedy, Byron 9, 11, 29, 31, 35,
38, 47, 63, 73
Kounnas, Mark 71

L
Larsson, Paul 71
Ley, John 38

M
Martino, Sergio 80
May, Brian 37, 38, 51, 55
McCausland, James 31, 38
Miller, George 2, 4, 5, 8, 9, 10,
11, 17, 29, 35, 37, 38, 47,
49, 52, 54, 55, 57, 63, 71,
74, 75, 86, 87, 90
Miller, Kennedy 35, 55
Millichamp, Steve 38
Minniti, Bruno 81
Minty, Emil 48, 55, 74

N
Nilsson, Kjell 55
Novak, George 38

P
Parry, Geoff 38
Paterson, Tony 38
Phipps, Max 55
Preston, Mike 55

R
Ricci, Tonino 80
Rossito, Angelo 2, 71, 73

S
Samuel, Joanne 35, 38
Santiago, Cirio H. 81
Scougall, Adam 71
Semler, Dean 49, 50, 55, 68, 71
Serio, Terry 85
Slingsby, David 55
Sopkiw, Michael 80
Spartels, George 71
Spears, Steve J. 55
Spence, Bruce 2, 48, 55, 57, 63, 64, 71
Stiven, David 55
Strode, Woody 81
Swayze, Patrick 82

T
Theron, Charlize 75
Thring, Frank 71
Tickner, Shane 71
Trenchard-Smith, Brian 85, 87, 89, 92
Turner, Tina 2, 9, 18, 62, 64,
67, 71, 72, 74

V
Vincent, Jan-Michael 77

W
Ward, Roger 2, 33, 38, 43, 48, 86
Watkins, Gary 81
Wellburn, Tim 55
Wells, Vernon 2, 48, 49, 52, 55, 59
Whiteley, Arkie 55
Williamson, Fred 77, 80
Wingrove, James 71

X,Y,Z
Zappa, William 55
Zuanic, Rod 71

Vernon Wells